图书在版编目（CIP）数据

青岛及周边导游手册.1904：汉、德/（德）弗里德里希·贝麦著；朱铁杰译.

上海：同济大学出版社，2020.5

ISBN 978-7-5608-9258-0

Ⅰ.①青… Ⅱ.①弗… ②朱… Ⅲ.①旅游指南-青岛-汉、德 Ⅳ.①K928.952.3

中国版本图书馆CIP数据核字（2020）第080798号

青岛及周边导游手册（1904）

［德］弗里德里希·贝麦博士　M.克里格博士　著

朱铁杰　译

青岛市市南区档案馆　组编

责任编辑　陈立群（clq8384@126.com）

责任校对　徐春莲

出版发行　同济大学出版社 www.tongjipress.com.cn

（地址：上海市四平路1239号　邮编：200092　电话：021-65985622）

经　　销　全国各地新华书店

印　　刷　青岛任缘印刷包装有限公司

成品规格　120mm×180mm　390P　插页40

字　　数　273,000

版　　次　2020年5月第1版　2020年5月第1次印刷

书　　号　ISBN 978-7-5608-9258-0

定　　价　168.00元

青岛市市南区档案资料丛书

青岛及周边

导游手册

（1904）

［德］弗里德里希·贝麦博士 著
M. 克里格博士
朱 铁 杰 译
青岛市市南区档案馆 组编

同济大学出版社

前　言

青岛是中外闻名的文化和旅游名城，拥有丰富的自然与人文旅游资源。市南区是青岛市的历史文化核心城区，旅游已成为其产业发展和城市文化的重要组成部分，发挥着不可替代的作用。

德文版《青岛及周边导游手册（1904）》（下文简称《手册》）是青岛历史上最早的导游手册，由于年代和语言等原因，除少数研究者外，并不为社会所了解。历经百余年的岁月沉淀，《手册》已成为了解青岛城市发展历史，特别是旅游文化的珍贵历史档案，因此青岛市市南区档案馆决定重新组织出版这本导游手册。《手册》分为德文版和中文版两部分，德文版完全按照原件影印，中文版内容和版式也尽量与原版保持一致，并对有关内容进行了注释。通过此次组编再版，我们力图使读者进一步了解青岛市及市南区的历史，更好地把握青岛旅游发展的根脉，促进青岛市和市南区的对外文化交流。

此次组编工作，青岛市档案馆给予了大力的支持，青岛大学外语学院朱铁杰老师做出了很大的贡献，不仅提供了原版图书，还承担了艰辛的翻译工作，在此致以衷心的感谢！

青岛市市南区档案馆

2020 年 1 月

Vorwort

Qingdao ist eine Weltbekannte Stadt für Kultur und Tourismus und verfügt über reichhaltige Natur- und Kulturressourcen für Tourismus. Der Shinan-Bezirk ist der Kernstadtteil der Geschichte und Kultur der Stadt Qingdao, und Tourismus ist sein wichtiger Bestandtteil der Industrieentwicklung und Stadtkultur. Besonders im Zuge des Aufbaus einer internationalen Modestadt hat Tourismus eine unersetzbare wichtige Funktion.

Das Buch „Führer durch Tsingtau und Umgebung“ vom Jahr 1904 (im folgenden verkürzt als „Führer“) ist der früheste Reiseführer über Qingdao, aber wegen der Zeit und Sprachbarriere ist es seit langem unbekannt. Nach mehr als einhundert Jahren ist es zum wertvollen Geshichtsarchivale zum tieferen Kennenlernen der Entwicklungsgeschichte von Qingdao, insbesondere der touristischen Kultur geworden. Um die Originalität des Archivales zur besseren Nutzung zu respektieren, wird der „Führer“ diesmal jeweils als chinesisch- und deutschsprachige Version neu erschienen, dabei ist die deutsche Version mit dem Originalbuch völlig identisch. Es wird auch bemüht, dass die chinesische Version beim Editieren möglichst mit dem Original übereinstimmt. Mit diesem Buch versuchen wir, dass die Gesellschaft die Geschichte der Stadt Qingdao und des Bezirks Shinan weiter kennen lernt und den Ursprung der touristischen Entwicklung von Qingdao besser erfasst, damit der Kulturaustausch von Qingdao und Shinan mit dem Ausland besser gefördert wird.

Für die Editions- und Übersetzungsarbeit hat uns das Stadtarchiv von Qingdao kräftige Unterstützungen zur Verfügung gestellt. Und Herr Yijie Zhu von der Fremdsprachenfakultät der Qingdao-Universität hat dafür hervorragende Bemühungen und Beiträge geleistet. Er hat nicht nur das Originalbuch zur Verfügung gestellt, sondern es auch ins Chinesische übersetzt. Ihm danken wir ganz herzlich dafür!

Archiv des Shinan-Bezirks der Stadt Qingdao

Januar 2020

译者的话

1904 年首版的《青岛及周边导游手册》（以下简称《手册》）是青岛最早的导游手册，它的主要作者是当时在青岛的德国法官弗里德里希·贝麦博士（Friedrich Behme），他作为摄影师和出版人要比法官身份的他出名得多。在 1998 年德国柏林举办的著名的“青岛——德国殖民史的中国篇章 1897—1914”历史展览的论文集中，德国历史学者托马斯·哈恩（Thomas Hahn）对贝麦个人生平尤其是作为摄影家和出版人的活动进行了深入研究，认为贝麦是“最早对青岛进行系统影像记录的人”。此外，哈恩在文章中着重探讨了贝麦编纂的《手册》，它首次出版于 1904 年，之后又在 1905 年和 1906 年连续出版了第二、第三版，这个再版频度可以让我们想象当时青岛这座城市的发展速度。《手册》的第四版出版于 1910 年，为英文版，如贝麦在前言中所述，他还准备继续推出《手册》的中文版和俄文版，但就目前各大图书馆的馆藏来说，尚未发现任何相关实物。

贝麦博士的后人将贝麦遗物出售给了德国历史博物馆（Deutsches Historisches Museum），其中包含 600 余幅与青岛和山东有关的照片玻璃底版，哈恩统计了贝麦的出版物，得出贝麦照片只公开出版了其中的四分之一的结论（哈恩只统计了贝麦自己出版的导游手册，而未统计贝麦出售版权、在其他出版社出版的作品）。实际上，现今与青岛早期历史有关的照片中，有很大一部分均出自贝麦，这可能有以下几个原因：首先，如果我们对比与贝麦同时期的其他摄影师的作品，可以得出一个结论：贝麦是一位杰出的摄影师！他所拍摄的影像无论从技术层面还是艺术层面来看，均属上乘，优于其他作品。其次，除了有个人兴趣的原因，贝麦当年的拍摄活动也存在着商业利益，有一部分照片出售给了当时在华的德国出版社，供其在图书或者明信片上使用。这与当时外国摄影师的做法一致，也就是或者出售作品的使用权，用于出版物，或者将其作品进行大量复制，在照相馆或者药店（注：清末中国药店兼售照片）作为旅游纪念品出售。这使得他的作品得以广泛流传，例如出版于1910年的《山东铁路及其联结的区域》没有任何版权信息，但是书中使用的图片却与《手册》有较多重合的部分，可以想象这本书与山东铁路公司以及贝麦之间的关系。

贝麦版《手册》所使用照片的另一个特点是：他本人频繁出现在书中的影像里，这也十分有别于其他摄影师。这一特点让这本《手册》非常特别，一般来说，导游手册的任务是向旅行者提供陌生地域的一般性公共信息，尽量避免个人化的自我展示，而贝麦的这种做法在很大程度上体现出他本人作为一个知识分子编纂导游手册的风格。贝麦在这本手册中多次引用了德国地理学家李希霍芬的巨著《中国》中关于青岛地区文化和地质情况的描述，贝麦本人在游历青岛及周边地区时，也十分注重当地的地理、地质情况。另外，风土人情、植物花卉等均是其关注的对象，书中多次提到，对于德国的地理、地质爱好者来说，山东是一个旅游、研究的上选之地。贝麦编书的这个特点实际上也是德国知识界保存至今的风格：在区域研究时，总是从地理、地质、历史、人类学、自然界等多方面进行科学考察。我们可以用比较通俗的语言对这一特点进行总结，即：对一个地方深入的好奇心。有了这个好奇心，我们就不难理解为什么贝麦本人会频繁出现在《手册》的影像当中：他要带着大家一起去探索、研究！从这一点看，贝麦编纂导游手册的理念既有探索知识的古典意味，又有在异域访古探幽的“时尚”趣味。这一理念即使放到100多年后的今天也一点不过时，就像如今非常时尚的城市深度游，这对青岛市的旅游开发也极具借鉴意义。

《手册》的正文部分共139页，地图8幅，图片68幅，书后另附广告51幅，正文部分共分51个小节。从该书各部分的名称就可以看出，《手册》的主要目的是指导游客更加便捷地探索青岛地区的市容市貌以及周边的历史文化与自然风光，而在青岛落成不久的许多德国建筑则更多地服务于这一目的，有时候只是一个“路标”。书中简洁明确地描述了青岛市区的重要设施，从市区前往青岛周边以及山东腹地的村庄、庙宇的路线、用时等信息，并对地域文化进行了描述和解读。其中不乏对青岛和山东地区秀美风光和悠久历史文化的赞美，以及对山东人民善良、朴实品性的赞扬。正如历史学者哈恩的总结：“他的相机和图片对于他本人来说不是用来制造对抗的工具，而是用来接近各种（不同的）文化。”

《手册》共收入8幅地图，为青岛全图或青岛地区的细节图，由德国柏林的制图机构制作，C. L. Keller石印公司印制。地图从版式和风格上看，应该不是该机构为《手册》专门制作，而是借用了德国出版的《中国北方地区地图集》中现成的地图或者是德国军队出版的《胶澳地图集》中的部分地图。德国在1897年占据胶州湾后立即由德国军队中的专业测绘部队对整个胶州湾地区的重要区域进行了测绘并制作成系列地图，地图绘制专业、精密，具备现代地图的各项要素，尤其是地图使用石印技术印制，图像异常清晰，色彩也十分柔和。《手册》图、文、影相互对照，对青岛历史地理研究有很高的参考价值。原书中并无本书地图的目录，为了便于查阅，编者在内容索引后面增补了该部分目录。原书目录中个别条目与正文不完全一致，详略不同，予以保留，另加注释予以说明。

《手册》附录的广告也极具历史研究与文化旅游价值。为了让读者更好地理解这部分内容，在这些广告前面加上了其主要内容的翻译。这些广告见证了青岛城市发展早期的工商业发展状况，对于了解青岛早期城市工商历史，进行文博展示、文化旅游开发等方面均具有重要价值。

本书原文中有原作者加的注解，同时，对于由于年代久远而只能采取音译的部分或者原文中的明显错误均由译者做了注释。

本人承蒙青岛市市南区档案馆信任，承担了这本导游手册的翻译任务，既感到荣幸，又感到忐忑。因为外文涉华历史文献翻译不仅需要语言翻译，还需对译文进行历史考证；不仅需要懂语言知识，还要具备历史语言学方面的学识，以便还原外文字母拼写的中文信息。因个人水平所限，书中难免会有错误，在此还请各位专家、读者不吝指正，让我们共同努力，为青岛的城市历史文化研究和旅游开发贡献力量。

朱铁杰

2020 年 1 月于青岛

Vorwort vom Übersetzer

Die erste Auflage von „Führer duch Tsingtau und Umgebung“ vom Jahr 1904 (im folgenden verkürzt als „Führer“) ist der früheste Reiseführer über Qingdao, sein Hauptverfasser ist Dr. Friedrich Behme, der zu dieser Zeit in Tsingtau als Richter tätig war. Als Photograf und Herausgeber war Behme viel bekannter als als Richter. Der deutsche Historiker Thomas Hahn hat über die Biographie von Behme, besonders über seine Tätigkeit als PIfotogra und Herausgeber intensiv geforscht und in der Artikelsammlung „Tsingtau – Ein Kapitel deutscher Kolonialgeschichte in China 1897-1914“ von 1998, wann in Berlin die wichtigste Ausstellung über die Geschichte von Tsingtau/Qingdao stattfand ,veröffentlicht Laut ihm sei Behme der früheste, der die Stadt Qingdao photografisch dokumentiert. Darüber hinaus diskutiert Hahn in seinem Artikel schwerpunkthaft über die unterschiedlichen Versionen von „Führer“ von Behme. Es wurde zum ersten Mal im Jahr 1904 erschienen, dann jeweils im Jahr 1905 und 1906 die verbesserte und vermehrte Version. Diese Frequenz zeigt uns auch, wie schnell sich die Stadt Qingdao zu dieser Zeit entwickelte. Die vierte Auflage wurde

1910 erschienen, englischsprachig. Laut dem Vorwort sei Behme auch bereit, die chinesisch- und russischsprachige Version herauszugeben. Aber das haben wir in keiner Bibliothek der Welt gefunden.
Die Nachkommen von Behme hatten den Nachlass von Behme an das Deutsche Historische Museum verkauft, darin sind c.a. 600 Glasplatten über Tsingtau und Schantung beinhaltet. Hahn macht eine Statistik über die erschienenen Werke von Behme und kommt zu dem Ergebnis, dass nur ein Viertel der Behme'schen Fotos erschienen worden seien (Anmerkung: Hahn hat nur Statistik über die Fotos im „Führer" gemacht, aber nicht über die von Behme verkauften Fotos und Urheberrechtslizenzen). In der Tat kommt ein großer Teil der frühen historischen Fotos mit Tsingtau aus Behme, die wir heute sehen und benutzen. Dafür gibt es ein paar Gründe: erstens, wenn wir die Fotos von Behme mit denen von anderen zeitgenössischen Fotografen vergleichen, können wir feststellen: Behme ist doch ein hervorragender Fotograf ! Seine Fotos sind sowohl auf der technischen Ebene als auch auf der künstlerischen erstklassig und besser als andere. Zweitens, Behme fotographierte nicht nur aus Interesse, sondern er hatte auch

Geschäftsinteressen. Er verkaufte Fotos an die damals in China ansässigen deutschen Verlage, damit sie die Fotos für Bücher oder Postkarten benutzen konnten. Das war unter den damals Fotografen sehr üblich, nämlich Lizenzen für Fotos zu verkaufen, oder sie vermehrten die Fotos in grosser Menge und verkaufte sie in Atelier oder Apotheken als Souvenir(Anmerkung: Fotos waren damals ein wichtiges Geschäft der Apotheken in China). Das führte zur weiten Verbreitung seiner Fotos, wie z.B. das 1910 erschienene Buch „Schantung-Eisenbahn und das von ihr erschlossene Gebiet“. Das Buch hat keine Urheberrechtsinformationen, aber viele benutzte Fotos sind mit denen vom „Führer“ identisch. Wir können das Verhältnis zwischen dem Buch, der Schantung Eisenbahngesellschaft und Behme vorstellen.

Eine andere Besonderheit von den Fotos im „Führer“ ist: Behme selbst erscheint sehr häufig in den Fotos, was den „Führer“ von Tsingtau sehr besonders macht, weil die Aufgaben eines Reiseführers normalerweise darin besteht, dass allgemeine Informationen von einem fremden Ort zur Verfügung der Reisenden gestellt werden. Persönliches wird möglichst vermieden. Die Art und

Weise von Behme demonstriert im Wesentlichen den Stil von Behme'schen Reiseführer als eine Art intellektuelle Arbeit. In dem „Führer" zitiert Behme mehrmals dic Beschreibungen über die Kultur und Geologie von Tsingtau aus dem großartigen Werk „China" vom Geografen Ferdinand von Richthofen. Als Behme damals Tsingtau und Umgebung bereiste, achtete er sehr auf die Geographie und Geologie, daneben auch auf einheimische Kultur und botanische Welt etc. Im Buch wird mehrmals erwähnt, dass die Provinz Schantung für Geographie- und Geologieliebhaber eine sehr gute Wahl für Reisen und Untersuchen ist. Diese Besonderheit vom Behme'schen Reiseführer zeigt uns auch den Stil des deutschen akademischen Kreises: beim Landforschen wird immer auf geographischer, geologischer, historischer, anthropologischer Ebene usw. wissenschaftlich untersucht. Wir können diese auch mit einfachen Worten zusammenfassen: Intensive Neugier für einen Ort. Mit dieser Neugier können wir schon verstehen, warum Behme so oft in dem „Führer" erscheint: Er leitet die Reisenden zum Explorieren und Untersuchen. Dieses Konzept für Reiseführer hat sowohl den klassischen Sinn des Wissensexplorierens, als auch den „modischen", in einem Fremden Ort die Geschichte und Landschaft herauszusuchen. Dieses Konzept ist sogar heute, schon mehr als 100 Jahre seither, auch gar nicht altmodisch, genau wie der sehr „in" tiefe Stadttourismus von heutzutage. Das ist für den Tourismus der Stadt Qingdao auch sehr profitierbar. Der Textteil vom „Führer" beträgt 139 Seiten mit 8 Landkarten und 68 Fotos, in der Anlage sind noch 51 Anzeigen vorhanden. Die 51 Kapiteln im Textteil stellen der Reihenfolge nach Allgemeines, Stadtteil von Tsingtau, Umgebung sowie das mit der Bahn nach Tsinanfu (heute Jinan) zu erreichende Hinterland von Schantung vor. Der Titel vom jeweiligen Kapitel zeigt uns, dass die Aufgabe von dem „Führer" darin liegt, dass die Reisenden die Stadt sowie die Geschichte und Landschaft der Umgebung von Tsingtau schneller und bequemer besichtigen können. Viele der neulich fertiggestellten deutschen Gebäude dienten oft zu diesem Zweck und sind oft ein „Wegweiser". Im Buch wird kurz und bündig über die wichtigen Anlagen sowie nützliche Informationen über die Wege von der Stadt zur Umgebung und die zeitliche Dauer usw. erläutert, es interpretiert auch die einheimischen Kulturen, dabei gibt es viele Lobungen für die schöne Landschaft und die lange Geschichte von Schantung sowie für die guten Charaktereigenschaften des Shandonger Volks, genau wie der Historiker Hahn zusammengefasst hat: „Seine Kamera und seine Bilder dienten ihm somit nicht als Medium zur Konfrontation, sondern zur Annäherung der Kulturen".

Die acht Landkarten von dem „Führer" zeigt uns die ganze Stadt und den jeweiligen Teil in Tsingtau und Umgebung. Sie wurden von der Landkartenanstalt in Berlin produziert und von der Firma C.L. Keller gedruckt. Nach dem Layout und Stil sollten sie nicht besonders für den „Führer" hergestellt werden, sondern könnten aus einem Atlas für die nordchinesischen Gebiete kommen, oder sie sind ein Teil von dem Kiautschou-Atlas von der deutschen Marine. Gleich nach der Inbesitznahme von der Kiautschou-Bucht hatte das Vermessungsdetachement der deutschen Marine das ganze Kiautschou-Gebiet vermesst und dann Landkarten gezeichnet. Die sind professionell und präzise und verfügen über alle Faktoren moderner Landkarten. Besonders wurden sie mit der lithographischen Technik gedruckt, die Karten sind sehr klar und scharf, die Farben auch sehr sanft. Mit Landkarten, Beschreibungen und Bildern ist der „Führer“ im Bereich historische Geographie von Qingdao von sehr hohem Referenzwert. Im Originalbuch gibt es kein Verzeichnis, diesmal haben wir es in der Übersetzung ergänzt.

Die im „Führer“ beigefügten Anzeigen haben auch sehr großen Wert für Geschichtsforschungen und Kulturtourismus. Damit die Leser diesen Teil besser verstehen, haben wir vor den Anzeigen den Hauptinhalt oder Schlüsselwörter übersetzt. Diese Werbungen sind heute Zeitzeugen für die Industrie- und Handelsentwicklung in der frühen Geschichte der Stadtentwicklung von Qingdao und haben einen wichtigen Wert für die Vervollständigung der Industrie- und Handelsgeschichte von Qingdao, musealische Ausstellungen, Vertiefung des Kulturtourismus usw.

Der Verfasser des Buches hatte zu einigen Stellen Erklärungen ergänzt. Aus historischen Gründen können einige Orte nur phonetisch übersetzt, oder es gibt im Originalbuch deutliche Fehler. Der Übersetzer hat zu diesen Fußnoten hinzugefügt.

Ich selbst habe die Ehre, die Übersetzungsaufgabe von dem Archiv des Shinan-Bezirks der Stadt Qingdao bekommen zu haben. Ich fühle mich sehr glücklich, aber auch ein bisschen nervös, weil das Übersetzen von historischen Dokumenten über China nicht nur Sprachkenntnisse braucht, sondern man muss den Übersetzungsinhalt auch historisch untersuchen. Dazu braucht man auch historiolinguistische Kenntnisse, um die auf Fremdsprachen buchstabierten chinesischen Informationen wiederzugewinnen. Wegen meines Niveaus sind Fehler in der Übersetzung nicht zu vermeiden. Ich bitte unsere lieben Experten und Leser ganz herzlich, die Fehler zu nennen und zu korrigieren. Lassen wir uns gemeinsam bemühen, zur Stadtgeschichtsforschung sowie zur Tourismusentwicklung von Qingdao beizutragen.

Yijie Zhu

Januar 2020 in Qingdao

目　录

前言
译者的话
1. 青岛是什么 …… 1
2. 青岛的位置 …… 3
3. 经西伯利亚前往青岛 …… 3
4. 经苏伊士运河前往青岛 …… 5
5. 经美国前往青岛 …… 6
6. 青岛都有什么 …… 6
7. 青岛的天气 …… 8
8. 青岛的植物 …… 9
9. 青岛的地理 …… 11
10. 青岛的历史 …… 13
11. 抵达青岛，旅店 …… 17
12. 前往衙门 …… 21
13. 前往灯塔处 …… 30
14. 前往火车站 …… 31
15. 前往市场大厅 …… 32
16. 霍恩洛厄大街—天主教传教会 …… 34
17. 军队医院和信号山 …… 38
18. 前往海滨浴场 …… 44

19. 伊尔蒂斯山 …………………………………… 48
20. 前往总督官邸 ……………………………… 56
21. 前往俾斯麦山 ……………………………… 57
22. 前往毛奇山以及前往台东镇 ……………… 59
23. 前往大鲍岛和小港 ………………………… 60
24. 前往大港 …………………………………… 61
25. 前往四方 …………………………………… 65
26. 前往沧口 …………………………………… 68
27. 前往李村 …………………………………… 70
28. 从李村前往崂山 …………………………… 72
29. 从北九水庙前往大崂观 …………………… 75
30. 从北九水庙前往沙子口 …………………… 78
31. 从青岛前往海因里希亲王山 ……………… 81
32. 前往皇帝宝座山 …………………………… 82
33. 从青岛前往沙子口 ………………………… 83
34. 前往女姑口 ………………………………… 85
35. 前往阴岛 …………………………………… 85
36. 海西半岛（叶世克角） …………………… 85
37. 前往灵山卫和珠山 ………………………… 86
38. 前往竹岔岛 ………………………………… 87
39. 前往水灵山岛 ……………………………… 89
40. 前往大公岛 ………………………………… 92
41. 前往乍连岛 ………………………………… 92

42. 前往太清宫 …… 93
43. 前往白沙河河谷 …… 94
44. 从青岛前往城阳和即墨 …… 104
45. 从青岛前往胶州 …… 106
46. 从青岛前往高密 …… 111
47. 从青岛前往坊子煤矿 …… 113
48. 从青岛前往潍县 …… 115
49. 从青岛经青州府前往济南府 …… 118
50. 从青岛前往博山 …… 122
51. 从青岛前往泰山 …… 124
名词注解 …… 126
附录广告注释 …… 129

书中所附地图目录：

图 1. 胶澳地区全图
图 2. 从游内山到浮山所
图 3. 从浮山所到石老人
图 4. 从石老人到小福岛
图 5. 从将军槽到崂山头
图 6. 叶世克角
图 7. 水灵山岛
图 8. 崂山全图

— 1 —

1. 青岛是什么

真是完全无法相信，“青岛”这个地名在德国是多么不为人知。每个人都知道胶州这个词，也认为用它就可以表示德国管辖的在中国的租借地。这真是一个巨大的错误！胶州是中国国土上的城市，位于德国租借地西北方。德国的胶澳租借地就是以这座并不属于租借地范围的城市，或者更恰当地说，是按照在古代海图上得名于此城市的胶州湾而命名的。“胶”（按照山东方言发音为“Gjo”）意思是胶河[1]，它是一条河的名字，也是一个在公元前600年就得名的部族的名字；“州”的意思是行政区划里的“区”。我们租借地的首府、唯一一座城市，也是欧洲人的唯一居住区是青岛，意思是“绿色的岛”。

---

① 译者注：原文拼写为胶水。

阿科纳岛（"青岛"）

2. 青岛的位置

青岛位于北纬约36°，纬度接近亚速尔群岛南部、直布罗陀、马耳他，在另一个方向上，纬度接近日本的东京和美国西部的旧金山。它位于黄海之滨，由于有便利的船只连接，可以从东亚如韩国和日本的海滨地点便捷、迅速地抵达，因为它在某种程度上就是位于天津、上海、日本长崎和韩国仁川合围区域的中心。青岛通过德国亨宝船运公司的轮船与天津、芝罘和上海之间每4到6天就有一班轮船，此外，还有客船“叶世克总督号”每周从上海驶来青岛。从青岛驶往上海约需36小时，从青岛到芝罘约需22小时，从芝罘到天津也要同样多的时间。此外，还有日本轮船定期往返青岛和日本、牛庄以及仁川，例如大阪商船会社的轮船；此外还有一系列德国和外国的商船也偶尔在青岛停泊。

3. 经西伯利亚前往青岛

用两天时间从柏林经布龙贝格（Bromberg）、亚历山德鲁夫（Alexandrowo）和波兰华沙前往莫斯科（1932公里）；从莫斯科前往大连（目前每周有5趟带有卧铺的豪华列车开往伊尔库茨克，在泛贝加尔湖铁路和中国东部铁路之间每周有2趟），用13天时间驶过 8077～8619 公里的距离。从大连前往芝罘用时 9 小时，从芝罘到青岛是 22 小时，都是乘坐客船。

票价（会有变化）

彼得堡—大连

豪华座：一等座 289 卢布 85 戈比

二等座 183 卢布 55 戈比

10 俄国磅行李的运费为 2 卢布 73 戈比

普通座：一等座 173 卢布

二等座 105 卢布 60 戈比

莫斯科—大连

豪华座：一等座 269 卢布 65 戈比

二等座 176 卢布 35 戈比

10 俄国磅行李的运费为 2 卢布 61 戈比

普通座：一等座 165 卢布

二等座 100 卢布 80 戈比

每 10 俄国磅行李的运费为 2 卢布 60 戈比

大连—芝罘

欧洲乘客票价含有饮食：7～8 元

中国乘客票价：1 元

芝罘—青岛

一等舱 25 元，二等舱 15 元，三等舱 12 元

往返票分别为：37.5 元、22.5 元以及 18 元

经西伯利亚**周游世界**在最佳交通转乘的情况下，现在的旅行时间为 47 天，其中包括停留时间，如果去掉停留耽搁则是 43 天。总路程为 33163 公里，其中的 18289 公里乘坐火车，14874 公里路程走水路。

4. 经苏伊士运河前往青岛

到目前为止，大多数的旅客都偏爱经水路前往东亚。比起火车来，水路更舒适，也会经过一些有趣的城市，可是如果不做中间停留，游览这些城市的时间大多只有几个小时，而停一下非常值得推荐，例如科伦坡，将旅途暂停直到下一班轮船启程（大约 2 周时间）。对于水路旅程推荐莱比锡的雷奥·沃尔出版社在 1901 年出版的《东亚旅行导游手册》（有一点过时了），内含 25 幅图和 3 张地图，售价 50 芬尼。德意志帝国邮船公司航线上的客船值得推荐，它们从不莱梅和汉堡经过安特卫普以及鹿特丹、南安普敦、热那亚、那不勒斯、塞得港、苏伊士运河、亚丁、科伦坡、槟城港[1]、新加坡、香港一直驶向上海。经常在多日停留后可以在约 36 小时之内从上海乘坐小型客船前往青岛。如果在热那亚上船，整个旅行时间大约 5 周。船票价格包括餐饮，从汉堡或者不莱梅前往上海的一等

---

① 译者注：今马来西亚滨城。

舱为 1500 马克，二等舱 860 马克，三等舱 490 马克；从热那亚前往上海的价格则分别为 1400 马克、760 马克和 460 马克。优惠价格的往返票有效期为 12 个月。那些除了青岛还要前往日本的旅客最好买一张前往日本的船票并在上海短暂停留。上海至青岛的船票价格为：一等舱 35 元，二等舱 25 元，三等舱 14 元。往返票的价格分别为：55 元、37.5 元以及 21 元。

5. 经过美国前往东亚[①]

从汉堡或者不莱梅前往纽约大概需要 6 天，从纽约前往温哥华或者旧金山大约 5 天，从那里前往上海大约需要 20 天。

更多信息参见沃尔出版社的《东亚旅行导游手册》。

6. 青岛都有什么

高山、森林和大海。我们在德国什么地方能同时拥有这些？如果我们想在家乡疗养的话，那么我们先得问一下自己：这一次我们该去哪里？去大山里还是到海边？在青岛这里，这两样可以兼得。这里还有广阔的森林，只是它们还很年轻，正如德国对这里的占

---

① 译者注：此处与目录不完全一致。

领。但这还不是青岛全部的优势。这里的春秋两季气候宜人，既不太热也不太冷，天空几乎总是很蓝，光照和空气就像意大利和西班牙（只有在盛夏的雨季和冬天，天气不是那么舒服，就像在德国一样）。从青岛开出的火车穿越一个以前对我们来说几乎一无所知的省份，它拥有数千年的历史和文化，也拥有绝对有趣的古迹和丰富的矿产，它对于研究者、收藏家、环球旅行家、作家、画家、摄影爱好者——谁知道还有谁——来说，就是一个黄金国度，尤其对于商人和工业界人士来说更是如此。在这里旅行的时候，这个国家的人民都不会伤害别人，他们人品好，也乐于助人。在这里旅行完全安全，而且价格低廉，因为内陆地区的价格还没有被搅乱。

青岛本身是整个中国最健康、最干净的城市。因为它有一个优良的浴场，而且在夏季几乎一直都有凉爽的海风，所以喜欢游泳的游客偏爱这里，作为一座海滨城市，它拥有美好的未来。

7. 青岛的天气

在青岛及其腹地停留的最佳时间是从四月中直到七月中以及从九月中到十月底，也包括刚刚进入十一月时。七月中到八月底也许是雨季，经常以浓雾开始，每周都会带来一次或者多次倾盆大雨，中间则会轮流出现几个艳阳天。在雨季，空气非常潮湿，以致皮具或者类似的东西都会长毛发霉，照相底版也会毁掉。这些东西在四月初到九月中之间最好密封上。衣物则必须每 3 天就拿到太阳底下晾一晾，状态才能保持良好。人们在这些炎热的时间大多穿着白色上衣。冬天只有冰冷的北风（从西北风到北风再到东北风）让人感到不适，风有时候还会转为沙尘暴。很少下雪，地面在整个冬天只有 3 ~ 5 天会被积雪覆盖，还没有观察到超过 6 毫米的积雪，只在山里见到过。冬天也几乎不下雨。与其他北方港口不一样，青岛港不会结冰。内湾很少会出现冰层，而这些冰层也从来不会妨碍轮船的航行。在外海，帆船的通航也不会被大雪中断。

春秋两季都是好天气，几乎总是大晴天。

天气规律。大多只在新月以及崂山和珠山山顶有白云的时候会下雨，还要看风的类型。春天的降雨会带来东南风和西北风，在夏天带来东风和东南风，秋天则带来西北风和西南风。

平均气温在一月是 -1℃，二月 1℃，三月 5℃，四月 10℃，五月 16℃，六月 20℃，七月 24℃，八月 25℃，九月 21℃，十月 16℃，十一月 9℃，十二月 2℃。

青岛的最高温度（1899 年 7 月 23 日）为 32.6℃，最低温度（1900 年 1 月 2 日）-11℃。在每个观察年度（10 月 1 日到次年 9 月 30 日）的降雨量为：1898 ~ 1899 年 334 毫米，1899 ~ 1900 年 639 毫米，1900 ~ 1901 年 415 毫米，1901 ~ 1902 年 928 毫米，1902 ~ 1903 年 866 毫米。大部分降雨发生在雨季，甚至还观察到 1 小时 28 毫米和 24 小时 160 毫米的降雨量。

8. 青岛的植物

我们租借地的土地相当贫瘠：它几乎全部是由裸露的花岗岩构成。山东内陆的土地要好得多，绝大部分都相当肥沃。在保护区里看到的是一些针叶林，松树（拉丁文 Pinus thumbergii，松柏目），此外还有著名的缅栀花，叶子就像阔叶树的一样，银杏树（拉丁文 Salisburia adiantifolia），以前也称为 Gingko biloba，它的果实烘烤后味道很美。此外还有柏树（拉丁文 Thuja gigantea），这里的坟地到处都可以看到它，树龄惊人，最后还有“维吉尼亚雪松”（拉丁文 Juniperus virginiana）。要突出强调一下当地的阔叶树：有两种橡树，枹栎（拉丁文 Quercus serrata，长着小型窄叶）和柞栎（拉丁文 Quercus dentata，长着特别大的叶子，形状与德国橡树叶相同）。这两种树都用作桑蚕的饲料，生产生柞丝。然后还有槭属植物、可食栗/板栗（拉丁文 Castanea esculenta/vesca），特别是在崂山里面，樗树（拉丁文 Ailanthus glandulosa）、槐树（拉丁文 Sophora japonica）、榅树（拉丁文 Albiccia chinensis）、梓树（拉丁文 Catalpa sizyphus）和梣树（拉丁文 Fraxinus alnus），以及各种杨树属和一种一年内就能长 3 米高的树，树叶直径能够达到 40 厘米的泡桐（拉丁文 Paulownia imperialis）。山东当地还有葡萄和多种粮食作物，同样还有棉花。近几年在保护区成功地引种了不同的外来树种和农作物。非常适宜阴凉花园种植的还有生长迅速的“金合欢”，拉丁文名 Robinia pseudoaccacia，它在贫瘠的土壤中也能生长。

在精心打理过的地方生长的植物主要是竹子（崂山的寺庙附近和胶州城的学院花园里面有茂密的竹林）和莲花（在上述地方的花园里以及济南府）。棕榈树耐受不了这里的冬天。此外，山东还给植物学家提供了一片富饶却又很少经过彻底研究的田野。4 月 15 日前后在崂山河谷、李村和沧口附近果树开花的时候美极了，要比柏林附近的维尔德（柏林地名，旅游景点）还要美丽。

Yu nui san

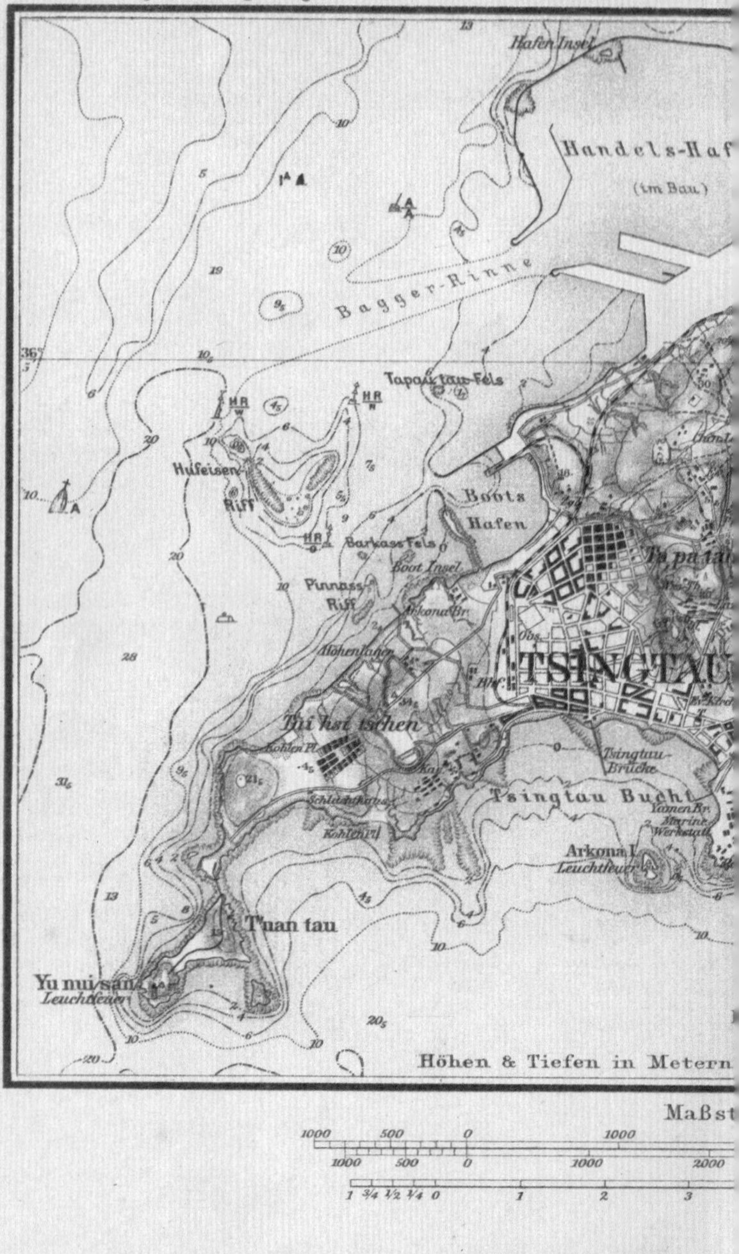
Hafen Insel
Handels-Haf
(im Bau)
Bagger-Rinne
Tapau tau-Fels
Hufeisen-Riff
Boots Hafen
Barkass Fels
Boot Insel
Pinnass-Riff
Arkona Br.
Höhenlager
TSINGTAU
Tai hsi tschen
Kohlen Pl.
Schlachthaus
Kohlen Pl.
Tsingtau-Brücke
Tsingtau Bucht
Yamen Br.
Marine Werkstatt
Arkona I.
Leuchtfeuer
T'uan tau
Yu nui san
Leuchtfeuer
Höhen & Tiefen in Metern
Maßst
1000 500 0 1000
1000 500 0 1000 2000
1 3/4 1/2 1/4 0 1 2 3

Geogr.-lith. Anst. u. Steindr. v. C. L. Keller, Berlin S

50 000

3000 4000 5000 Meter

3000 4000 5000 6000 Schritt

5 6 7 8 9 Chin. Li

9. 青岛的地理

整个保护区均为岩石和丘陵，几乎都是由不含云母的花岗岩构成，石龄非常短（第二纪?），含有大量斑岩和闪长岩岩层，经过了从东北风到西南风的吹拂。片麻岩，也可能是一种变形的沉积物，经过类似的吹拂后只在竹岔岛和灯塔岛乍连岛上出现，（更古老的）沉积物，也经过了风化，只出现在水灵山（地理方面非常有意思）各岛屿和大公岛以及牙岛上，在这里作为角页岩形成，伴生（较年轻的）崂山花岗岩，在西南方向出现在太清宫和青山一线。

在山东其他地方还存在寒武纪和志留纪岩层。煤矿矿山有着广泛分布，它们大部分重叠覆盖着二叠纪岩层和火山灰。大型山脉由较年轻的花岗岩构成，与崂山类似。还能找到侏罗纪岩层和第三纪的火山石，就像玄武岩。山东拥有宝贵的矿产，人们只知道其中的很小一部分，也就是裸露在地表的那些。比较突出的是储量丰富的煤矿和铁矿石；此外还有黄金以及宁海州以南的石英矿，东兴附近的砂积矿，从沂州府以南 15 公里一直到位于沂河左岸郯城的钻石矿，潍县西南的铅矿，邹城附近的云母矿。此外还有银、铜、锌、水银、硫和石棉。在莱州府附近还采到了大理石。在山东，特别有趣的是温泉分布在登州府艾山汤附近、距登州府60公里的艾山脚下，此外在登州府以南35公里处的温石汤附近、宁海州以东30公里招远汤[①]附近、文登县东南25公里的呼雷汤附近以及沂州府附近。

租借地里的河流非常独特。它们都特别宽阔，遍布黄色花岗岩砂。大多数河流一年大部分时间都是干涸的。水在地表以下的沙中流动。在雨季，水从光秃秃的山上冲下，由于缺少植被覆盖而无法积蓄，河中水量巨大，几乎让人难以置信，沟壑中的花岗岩砂则有各种少见的形状。

山东矿业公司是一家殖民地公司，位于青岛，资本为1200万马克，到1903年为止占股35%。公司拥有胶济铁路沿线30里（15公里）区域内的采矿权。运营中的是距离潍县不远处的坊子煤矿。准备运营的还有博山附近的第二座煤矿和胶济铁路线上金岭镇附近的铁矿，铁矿石含量达64%，广泛伴生闪长岩和寒武纪或者志留纪之间的白垩岩。

除了30里区域之外，在山东还有第二家德国矿业公司，也就是“**青岛德国海外矿业与工业公司**”。这家公司成立于1900年4月7日，根据1901年6月20日的帝国议会决议而获得了殖民地公司权益。这家公

① 译者注：此处为音译。

司负责约 3 万平方公里的面积，包含下面 5 个地区：

1. 沂河左岸的沂州府以南区域；
2. 沂水县周边的大块区域；
3. 大致在诸城以东和以南的区域；
4. 潍县所辖的一块西南县域；
5. 大致在即墨—平度—莱州府以东的全部区域。

这家公司的工作暂时以从砂积矿开采黄金（在东井[1]附近）、从石英矿开采黄金（在宁海州附近）、从铅矿开采黄金（在潍县西南）以及开采云母（在诸城附近）为主。

10. 历史情况[2]

青岛这个地名的字面含义是“绿色之岛”。因此，现在的阿科纳岛（Arkona – Insel）以前就是与黄岛相对应，也就是胶州湾里面的“黄色之岛”。这个名字之后就被用在了这个岛屿对面陆地的命名上。青岛以前并不重要，过去的历史乏善可陈。在乾隆皇帝时期

---

① 译者注：该地名原文为 Tung Tsching，此处为音译。但是在淄川与青州之间确实有一处东井村，四面环山，因资料缺乏，无法考证确定。

② 译者注：此条与目录不一致。

(1736～1796)[①]，这里的港口开放贸易，设立有一处海关。同时，现存的那座庙宇也是在那时建造的。1891年，中国人在这里设防，修建了四处兵营、一座衙门以及海中登陆桥。从那时起，中国军队开始驻扎青岛。

著名的地理和地质学家斐迪南·冯·李希霍芬男爵意识到了胶州湾的重大意义，他本人曾经分别在1869年的3月、4月和5月游历山东，却从未踏足胶州地区。他将其获得的经验写入1882年出版的著作《中国》（出版于柏林，迪特里希·赖默出版社）一书的第二卷中，在第266页上[②]："在开发胶澳港口以及建立所提及的交通连接这件事上，是山东储量丰富的煤田的未来。即使中国的国力提升直接有违于欧洲在物质、智力以及工业方面的利益，正如现在看起来那样，它也会以逼迫性的必要手段来实现，根据中国的这一特点，外国列强就不得不在繁荣即将来到中国之前确保尽可能大的优势。"

---

① 译者注：原文如此，应为1736～1795。

② 原文注：在德国占领胶州湾之后，李希霍芬在1898年还出版了一部相对简短的著作：《山东及其门户胶州》，由同一家出版社出版。

青岛附近的登陆演习

对于胶州湾价值的观点并不一致。为了做出明确判断，当时的巡洋舰队司令蒂尔皮茨少将（Konteradmiral Tirpitz）来到胶州湾，并命令派出一名港口建设工程师。1897 年 1 月，海军建设枢密顾问（Geheime Marine – Baurat）格奥尔格·弗朗求斯被派遣到这里，他的鉴定结论支持了关于胶州湾价值的观点。对于获得胶州湾问题与中国多次谈判，但是没有任何成果。这时出现了一个事件，导致了就这个问题做出决定：1897 年 11 月 1 日在兖州府附近的村子张家庄（Tschang tschia tschuang），3 名传教士能方济（Nies）、汉理（Henle）和薛田资（Stenz）在夜间被大约 30 名中国人袭击。前两位被杀，薛田资逃脱。紧接着，德国与其他国家尤其是俄国取得谅解，在1897年11月14日派遣棣德利将军（Admiral v. Diederichs）率领巡洋舰师占领了青岛和胶州湾。

通过1898年10月6日的条约[①]，现在这片德国皇帝陛下管辖的区域租借给德国99年，另外还确定了租借地周边50公里为“利益区”，如果没有德国政府的同意，中国方面不能在这个区域里采取任何措施。同时将整个山东最重要线路上的铁路与矿山控制权转让给德国。租借条约第五条规定：“如果德国以后表达愿望在租借期满之前将胶州湾交还中国，那么中国需要补偿德国在胶州湾的所有费用并确保给德国一处更合适的地方。”

1898年4月27日，德皇发布敕令，宣布胶澳租借区为保护地。尽管如此，胶州城并不属于保护地，保护地一般被称为“胶澳地区”。

青岛并未受到1900年大刀会（义和团）起义的影响，主要是内陆腹地受到影响。

保护地的第一任总督是罗绅达海军上校（Kapitän zur See Rosendahl），1899年他被召回。他的继任者叶世克（Jäschke）1901年1月27日病逝于青岛，由都沛录海军上校。（Kapitän zur See Truppel）继任。

---

① 译者注：原文如此，时间应该为1898年3月6日。

11. 抵达青岛[1]

停靠青岛的船只，或者在青岛北部、胶州湾里的“大港”，或者就在青岛以南所谓的外湾（就是所谓的青岛湾）。只要轮船不是停靠大港码头，那么游客就得想办法将他的行李用轮船上携带的小艇或者用中式划桨船（小帆船）运送到陆地。亨宝船运公司所属轮船都提供小艇。小帆船的费用是每人10分或者20芬尼[2]。继续前往旅店等地要乘坐人力车，人力车夫（由于街道的上坡，所以一般都是2人同时工作）大多只能听懂几句德语。

最有必要掌握的几句汉语[3]：

上，快快，慢慢地，等一等，住下[4]，大饭店（海因里希亲王饭店），小饭店（Hotel Krippendorf，克利本多夫饭店，位于海因里希亲王饭店旁边），小胶州饭店，水师饭店，火车站，信局[5]，汇泉[6]，医院（从那里步行可至棣德利山等处），东营盘（俾斯麦山

---

① 译者注：此处与目录不完全一致。

② 译者注：中国银币与德国货币之间的比率为2∶1。

③ 原文注：用的是山东方言。人力车夫听不懂北京话。

④ 译者注：意为停下。

⑤ 译者注：即邮局。

⑥ 译者注：此处指海滨浴场。

兵营），会前营盘（伊尔蒂斯兵营），小泥洼营盘，西马队或者黑澜[①]，一块钱，一挂钱（十分钱），一挂五分，两挂钱，两挂五分，三挂钱。

数字：一，二或两，三，四，五，六，七，八，九，十，十一，十二，二十，二十一，三十。一点钟[②]，一分（钟）。多少，多少钱，太多，太少，好，不好，是，不是。

在青岛一共有4座登陆桥：前往衙门桥（中文称作衙门码头）是为了去大衙门和奥古斯塔·维多利亚湾，去青岛桥（中文称作青岛码头）是为了前往几大饭店、市中心以及火车站，要是想去华人街区和小港就得到大鲍岛桥（中文称作大鲍岛码头），到阿科纳桥（中文称作北码头）可以到达港务局、大港以及小泥洼营盘（即兵营）。

在桥头都有人力车及运输人员和行李的轿夫。较大的行李最好先放在船上，随后让饭店、李夏特运输公司（电话号码58）或者由胶澳莱希特公司（位于威廉皇帝海岸）来运输。通过李夏特公司以及大鲍岛的约翰森汽车公司随时都可以得到汽车或马匹服务，价格优惠。

---

① 译者注：此处指位于台西镇的德军马队兵营。

② 译者注：意为一个小时。

青岛附近的港湾；衙门桥和珠山

海因里希亲王饭店

饭店方面可供选择的是：

1. 威廉皇帝海岸的海因里希亲王饭店，内有40间客房，还有阳台、游廊、女士厅、俱乐部以及阅读室，带有附属建筑。含膳价格为每月100～150元。

2. 海滨饭店，位于奥古斯塔·维多利亚湾，有31间客房，建于1903～1904年。

3. 威廉皇帝海岸的克利本多夫饭店，有30间客房，高档饮食，含膳价格为每天3～5元，按月计算的含膳价格以约定为准。济南府有分号。

4. 德国橡树饭店，位于蒂尔皮茨大街，有餐厅、台球室、俱乐部和9间客房。含膳价格为每天每人4元，双人价格为6元；单人每月价格90元，双人价格

120 元；长期租住有优惠价。

5. 路德家庭公寓，位于伊蕾娜大街，每人每天的含膳价格是 6 元，家庭有优惠价。同样，长期租住也有优惠价。含早餐的房间每人每天为 4 元。

饭店和咖啡馆

胶澳饭店（位于弗里德里希大街和海因里希亲王大街的拐角），费德勒点心咖啡店（位于弗里德里希大街），弗朗茨·佛格特饭店（位于弗里德里希大街），大都会饭店（位于弗里德里希大街），保龄球爱好者之家饭店（位于天津路），德意志之家饭店（位于山东街），雷曼饭店（位于山东街），火车站饭店（位于火车站旁的霍亨索伦大街）。

12. 从青岛桥经海因里希亲王饭店前往衙门[①]

（距离 1000 米）

如果沿着漂亮的海滨大街向东走，就是前往衙门最近的路。用大约 3 到 5 分钟就到达了克利本多夫饭店和海因里希亲王饭店，越过威廉大街后先后会经过德华银行（上午 9 点到中午 12 点和下午 2 点到 4 点营业，周六是上午 9 点到下午 1 点营业）和山东铁路和矿业公司的营业大楼。

---

① 译者注：此条较目录详细。

德华银行

在“十五橡树”（以先前中国墓地斜坡上的十五颗橡树命名的广场）和临时法院之间还有一座保存完好的中式庙宇天后宫，作为最后的遗存，它让人回忆起以前的老青岛村。

天后宫

天后宫的建造年份并不十分确定，可能是19世纪的前十年，但是无论如何，它内部的建筑不是同时建造的。这座庙尊奉“天后”或者“海之女王”。这个女神不仅受海员尊崇，陆地上的人也普遍供奉她。按照民众信仰，她本是一个预言者。当她的父亲突然病故时，她由于悲伤而跳海。在世的时候，她就被当做一个灵验的预言者而到处受人尊敬，在她的悲剧人生结束之后，人们在她跳海处修建了一座庙来纪念她。之后不久，一名行船商人在夜里船只注定要沉没的时候在这座庙的附近获救，原因是一盏从天上照亮的灯给他指出了穿越礁石的正确航路。这盏灯应该是之前供奉这位女预言者的庙里点燃的。从那时起，她就被海员当作保护神而四处受到尊崇。人们相信，她会在狂风暴雨的黑夜里从天空点燃一盏明灯，保佑行船的人们免遭危险。

庙的上面悬挂着两个刻着字的牌匾。上面那一个写着“环海慈云”，意思是“大海四周，她（也就是天后）会赐给你祥云”！下面这一个写着“护国佑民”，意思是“保护国家，利于人民”。两个牌匾都是由老青岛村的商人捐赠，分别在 1864 年和 1843 年在同治皇帝和道光皇帝统治期间设立。

进入天后宫的第一进庭院，在人们身后的是节日时用于唱戏的戏台，从大门到第二进庭院之间左右都是迎客室。

在正房里，也就是第二进庭院的中部大殿，就是供奉天后的庙宇，在其两侧则是供奉“水神”的东旮旯和供奉“财神”的西旮旯。

在天后宫里，主供桌后面是天后本尊的巨大塑像，她的旁边是两个巨大的男性塑像，其一象征着目明，另一尊则代表着耳聪。

观音菩萨，也就是慈悲菩萨，在天后右边的小供桌处供奉。她的道场位于舟山群岛的一处小岛上的普陀山，居住的全是佛教僧侣。这个菩萨有个传说，她是一个国王的女儿，曾经发誓要出家为尼。当她违背父王的旨意实现了自己的想法时，他父亲就派人在她退隐尘世的寺庙里放火。她祈祷后天空下起了雨，将火扑灭。他父亲之后把她带回宫里，让她选择是死还是嫁人。她选择了死亡。在她进入阴间时，阴间却变成了天堂，这样对所有亡故之人来说，阴曹地府都成了天堂。在阎王的请求下，她再次回到人世，这样恶人们就又遭了报应。她在人世间得知父亲染病，为了救他，她给他送去了一只手和一只眼，把他救了回来。观音菩萨主要是受到母亲们的高度尊崇，因为她具有送子的力量。男人世界则主要把她当作海员的保护神。

观音菩萨供桌右边的小供桌应该也属于这个菩萨。供桌桌布上可以读到：普门大士（观音菩萨又名普门）。天后供桌左边的供桌供奉着中国最受尊崇的医道之神吕洞宾。他在世时是一名高官，经常行医，并最终找到了能让人长生不老的仙丹。由于他的功绩，自宋朝起他就被称为圣人，之后又被列入八仙，直到今天，他还作为八仙之一备受尊崇。

在进入位于主庙入口右侧的“水神”庙入口上方写着三个字：“水清宫”，意思是水晶宫殿。由即墨县前官员李德生（Li te sheng）发起并出资，在1853年将这一房屋的内墙画得多多少少具有了艺术性。右侧墙壁装饰画表现的是水神与他的随从在陆地上出游，这给大地带来了一场大雨；左侧墙壁表现的是水神又回到了大海。中间的供桌是最近制作的。供桌桌布上写着："龙王大帝"，意思是龙王陛下（也就是水神）。

在西旮旯，也就是青岛主庙的西侧殿，是最受信众喜爱的佛教菩萨之一的财神[①]。在他七月份的诞生日，信众会在供桌上放上大量食物供品，食物的排场和烹饪水平十分诱人，人们不禁会问，这位供桌后面画像里的留辫子老人，为什么不伸手取来享用。要是半开玩笑地问道士们，那些漂亮的食物之后会到哪里去，他们则先是神秘地沉默不语；要是继续催问他们，提出核心问题："你之后会吃吗？"回答则很坚定："不是我吃，而是其他道士。"要是再问其他道士，这一回答则变成了陈腔滥调，不断地重复。财神庙里面的设置则与之前的描述没有什么差别。

督署建设衙门，在占领胶州湾时还被中国将军当做衙门使用。头两任总督罗绅达海军上校和叶世克也都将其作为府邸使用。普鲁士亲王海因里希殿下在他1898年作为巡洋舰队司令前来青岛时也曾经临时住在

---

① 译者注：原文如此。由于青岛地区存在佛教与道教融合的现象，因此佛教寺庙中也会出现道教的神像。

这里。这一时期以来，它又经过扩建并更新。主大门位于东边。大门入口对面是中国衙门普遍都有，只有少数中国官方建筑缺少的“风水”，它的字面翻译就是“风和水（也就是说墙）”。“风水”迷信就像南太平洋那些民族奉行的图腾崇拜，浸入中国人的血肉，也控制了他们的社会和家庭生活。为了将风与水的邪恶影响远离建筑与坟墓，也就是活人和死人居住的地方，需要这些某种程度上安全的支撑点，风鬼和水鬼的力量会在这里被粉碎。在衙门的大门入口处就是为此目的而设立的照壁，防止恶鬼和它们的邪恶力量作用到衙门官员身上。墙壁冲着衙门的这一面装饰着“狳”的形象，这是一种类似鳄鱼的巨兽，长着巨大的眼睛和张开的大口。这只动物的身体上覆盖着密密麻麻的鳞片，长毛尾巴就像是牛尾巴一样，头部冲向形象化表现的升起的太阳。这个动物就是贪婪的意象，在墙壁上展现这只动物就是要警告每天路过这里的官员不要贪婪。

衙门的第一进院里是华人与民政长官以及翻译实习生的办公室，此外还有行政秘书处，第二进院子里面是总督、参谋长和副官办公室。财政处和管理公家什物局位于北侧，而工程总局的办公地点临时从衙门里部分迁入商人李特豪森以前在威廉皇帝海岸胶澳莱希特公司旁边的红房子里，还有一部分设在俾斯麦大街和弗里德里希大街上的办公楼里。

新教教堂、信号山和天后宫

青岛，前景处为衙门及附属兵营

衙门前的风水墙(“影壁”)

游内山灯塔

13. 前往灯塔处

坐人力车经过火车站或者沿着向西的海岸经过海军战地炮队的兵营前往台西镇（小泥洼），然后继续步行走到陆岬团岛上。这里有美丽的环形视野，看向群山环抱的青岛城。这处1900年建成的灯塔拥有电力弧光，一般最远可以在16海里外看到。它在港口入口方向上有幅度为12°的固定信号；向北连接幅度30°的单闪信号，向南有幅度278°的双闪信号。在陆地方向有40°是无光的。灯塔所在的陆岬由于明显的误解在老地图上标注的名称是游内山。

顺和洋行办公楼

14. 从青岛桥前往火车站[1]

在路过登陆桥之后，拐到西面，进入霍亨索伦大街，这时首先经过右侧宏伟的中国皇家海关大楼（每天上午12点到下午4点开门），然后继续向前走就是哈唎洋行和波尔维克洋行，而左边一直延伸到皇太子海岸地块的是顺和洋行、礼和洋行和中国的兴泰号。在火车站前冲着火车站广场的是车站饭店，它是霍亨索伦大街上最后一栋建筑。

水师饭店[2]

① 译者注：此处与目录不完全一致。

② 译者注：原文为火车站。

15. 从青岛桥前往市场大厅[①]

沿着一直向北的弗里德里希大街，经过它与东西走向的伊蕾娜大街（这条街的第二座房子是从早上 9 点到晚上 9 点开放的胶澳图书馆）的路口后，首先在马路右侧的是胶澳饭店，马路左边则是工程总局局长的家。在弗里德里希大街和伊蕾娜大街拐角处有高等男童学校的临时寄宿学校和校长公寓，此外，还有《德华瞭望报》的办公室以及在 1902 年春天开办的水师饭店。

火车站[②]

它的开办目的是给军营以及巡洋舰队的下级军官

① 译者注：此处与目录不完全一致。

② 译者注：原文为水师饭店，应为与上图的排版错误。

和士兵提供一处休闲场所，建设这个地方的想法出自1898年在青岛的海因里希亲王殿下，他那时担任巡洋舰队司令，有机会在当地感受青岛建设一处水兵之家的需要。1898年10月18日大楼奠基。

水师饭店的礼堂

在继续前往市场大厅的路上，在街道右侧值得一提的是坐落于不莱梅大街拐角名为海恩大楼里面的皇家区政府办公室以及亨宝船运公司（前者上午9点到12点、下午3点到5点开门，后者上午8点到12点、下午3点到6点开门）。

邮局

16. 青岛桥—天主教传教会[1]

沿着威廉皇帝海岸向东走，经过路易波德大街再向北进入阿尔伯特大街。信局大楼位于街道左边，然后爬上蒂尔皮茨大街的斜坡，街边还有橡树饭店。在总督府广场向西北方向拐弯就进入了霍恩洛厄大街，前往传教会。一路上会经过一些漂亮的别墅，其中的第二座是督署牧师的办公楼，从那里可以欣赏这座城市和它的港口美景。天主教传教会广阔的地块上有总

① 译者注：此处与目录不一致，原文如此。

督府转让给教会的一处面积达 3 万平方米的工地，教会的这座建筑则建于 1899 ~ 1902 年，用于传教和教育。这里的教会就像胶州、高密和诸城等区域一样都归德国天主教斯泰尔传教会管辖，是鲁南地区整个天主教传教会的代理和通行站。教会的临时小教堂每个周日都会为军队和民间天主教徒举行弥撒。为华人教徒举办的周日弥撒则在位于大鲍岛和台东镇的小教堂里举行。

天主教传教会

自 1902 年 4 月开始，教会同时还为修女、方济各会女会士、圣母会女传教士、德国女童寄宿学校同欧人高级女童学校和幼儿园一起开设分站。学校里有 7 名教员。学校在 1904 年初有 48 名女学生，其中 12 名来自外埠的天津、上海和日本。学校设施受总督府监督。寄宿学生收费为每年 500 元（含衣物洗涤），同一家庭有多名女孩在这里上学，则享受折扣。当地女孩每年学费为 60 元。大假在 7 月和 8 月。教授课程为德语、法语、英语、文学、算术、地理、世界史、绘图、绘画、手工、音乐、雕塑和会计。法语和英语课程分别由来自法国和英国的母语人士讲授，剩余课程则使用德语。只有信奉天主教的小学生才会上宗教课，信奉新教的学生则由督署牧师进行宗教方面的指导。这所学校以其通风透气、各方面条件都符合卫生要求的房间并以它绝美的位置和漂亮的花园为寄宿女生们提供值得推荐的求学经历。这所学校值得前来学习，在修女嬷嬷那里提前报名就可以参观学校。

天主教会的女童学校和宿舍

17. 青岛桥—信号山[1]

（距离 1200 米）

沿着威廉皇帝海岸向东一直走到山东矿业公司大楼，然后向北转进入俾斯麦大街，穿过海因里希亲王大街后会路过几座按照别墅风格建造的房子。这些别墅的对面是督署学校和它在 1901 年 9 月 2 日启用的校舍。学校采用德国实科中学的教学计划。截至 1904 年 9 月已开办至四、五年级。目前学校大约有 50 名学生。其中有 6 名来自外埠。每年的学费为学前班 60 元，一、二、三年级为 81 元。如果兄弟姐妹同时入学，则第二和第三个孩子的学费收取半价，第四个和剩余的孩子免除学费。特殊情况下也可以减免学费。大假是每年的 7 月 15 日至 9 月 12 日。更多情况参看在总督府领取的学校章程。寄宿学生当前住在临时寄宿学校里，每年的含膳费用为 650 元。

---

① 译者注：此处与目录不一致。

督署小学

走过了棣德利道之后，目光就会不由自主地停留在卓越的野战医院上，某种程度上它以其 10 ~ 15 座亭式建筑建设了一个小城区。在街道右边耸立着两层楼的医院管理大楼，它以装潢美观的外墙和漂亮通风的游廊给人以宏伟的印象。街道左侧新建成的医院花园旁边，叠嶂耸立，被小山丘阻挡住刺骨北风的地块上是最初建成的医院设施，包括多处医院亭式大厅、药房和管理建筑。

医院大厅可以容纳 104 张病床，如果需要，病床数量可以增加到 150 张。在 1、2、4 号大厅里分别有治疗内科、性病和外科疾病的站点，3 号大厅里有一个专门治疗肺病、耳部疾病以及精神疾病的科室，还有一个有放射设备的房间以及供一名医院专员和两名助理医师居住的公寓和小教堂。医院有自来水管和电灯，在各方面都完全符合现代化的要求，各项设施均处于领先地位。就像本来计划的那样，这所战地医院也用于接收各阶层平民，一级水平每天收费大约 16 马克，二级水平收费 10.5 马克，三级水平收费 5 马克。在这里，就像经验已经充分显示的那样，各种疾病均得到了出色的治疗。在经过医院管理大楼之前，街道右边的一条步行道向上方通向棣德利山，也就是信号山。这条路一开始很容易找到，但是继续走下去的时候，它一会儿向右、一会儿向左，必须注意不要走错了。半路上会到达棣德利纪念碑，它是为了纪念1897年11月14日占领胶州湾而在一周年纪念日设立的。

一处在纪念碑对面的石头上凿出的长条凳让途经此处的人有机会在通向信号站陡峭的路上歇一下脚，并且可以清闲地研究一下石碑上的中、德文石刻。从信号站处（海拔100米）可以观赏青岛、大港、小港、四方、伊尔蒂斯山、海因里希亲王山以及崂山极为秀美的风光，但是信号站的平台以及警卫室不允许进入，这一段步行需要花15～20分钟。登山虽然有点累人，但是由于有让人这么享受的远眺风光，还是完全值得。下山最好走山的北面，之后会连接到主路右边一条漂亮的步行道，可以散着步，舒适地走向以前小鲍岛村的村庙。一路上还有供人休息的长条椅。

信号山的信号：三角旗如果尖向上，表示有来自北边的轮船抵达，尖向下则表示是南方的船。圆形表示有军舰抵达。这些信号上面的旗帜表示船只的国籍。

总督府山脚下的医院

医院里面的花园（金合欢树）

棣德利纪念碑

信号站

18. 从青岛桥前往奥古斯塔·维多利亚湾（克拉拉湾，海滨浴场）[①]

（距离 2700 米）

这段路大概需要三刻钟，沿着海滨大街首先路过海因里希亲王饭店和大衙门。大衙门对面有建设管理局以及胶澳莱希特公司的办公室。走过大桥后，沿着奥古斯塔·维多利亚湾海岸可以一直步行到海滨浴场，走过大桥 5 分钟后，首先到达海军船坞修理站，然后就是青岛工业与贸易公司的锯木厂。值得一看的是在修理站里面给中国人开办的学校，这里有大约 100 个中国学徒，在为期 4 年的课程里面，他们除了上德语课之外，还有木匠技术培训、铁匠、机器制造等课程。这所寄宿制学校只用了很少的资金就开办了起来。那些 14 岁到 20 岁之间的中国年轻人们，早上的课一直到 9 点，都是德语和中文课，这一天剩下的部分，他们就在这座各方面设施都十分先进的工厂里面实习。在空余时间里，他们通过体操锻炼和游泳来强化身体素质。学生只有在中国和德国教师的陪同下才能离开修理站。对于取得的工作业绩，他们在刚开始的预培训不久就能得到每天 30 分的工资。其中一半会被抽走支付各项花销和食宿费用。

---

① 译者注：此处与目录不完全一致。

青岛附近的海滨浴场

海滨浴场背后是伊尔蒂斯山，它风景优美，独一无二。附近耸立着多处别墅，其中还有宏伟的总督官邸以及华人事务专员别墅，另有几座别墅正在建设当中。在这里游泳的游客还可以舒适地住在已建成的沙滩饭店里，这座饭店是海因里希亲王饭店的一处分店。它有三层楼，内含31个双人客房以及一个大厅、游泳室、沙龙、阅读室和餐厅，另有一处舞厅，在宽大的阳台上可以看到大海的秀美风光和沙滩上人群的活动。在旺季，第三水师步兵营的小乐队每周都会在沙滩上举行多场音乐会，对于公众的其他娱乐项目，去年成立的游泳协会提供了最好的保证。在青岛浴场里不收取在此处休养的费用。但是如果不是饭店的客人，又需要有自己的沙滩小棚，那么这个位子的费用是每个旺季10元，在总督府缴纳。

青岛附近海滨浴场边的总督官邸

总督官邸

19. 伊尔蒂斯山

（距离 4500 米）

伊尔蒂斯山位于青岛以东 4 公里处，坐人力车 40 分钟可以抵达。伊尔蒂斯山的特别优势在于：它一直到山顶都建有由华美的小路组成的道路网，可以乘坐人力车在上面舒适地行驶。它同时还拥有可以观赏大海和高山的绝美风景。值得推荐的有下列路线：

a. 经过俾斯麦兵营后，从大山街向欧人公墓方向步行约 2 公里，这里有叶世克总督、著名传教士花之安（植物学家）以及克里斯特少校的纪念碑。再继续走大约 1 公里，一直走到伊尔蒂斯山的西北麓，道路在这里分岔，向右走沿着山的西南坡最终向下走到伊尔蒂斯兵营；向左走，道路经过一片年轻的树林后通向伊尔蒂斯山北麓。从这条路向外看，在大约500米外有一处古庙，长着一棵巨大的银杏树。这座古庙现在用作一位林业官员的住宅。从古庙向外看会看到山下海边的村庄湛山村和浮山所。东边的海因里希亲王山及其后方的崂山风景如画。

欧人公墓里面的叶世克纪念碑

伊尔蒂斯山脚下的庙宇，远处为海因里希亲王山

b. 经过海滨浴场和跑马场前往伊尔蒂斯兵营。兵营前方不远处是一条宽阔的行车道，从左侧向下横穿大山街后通向台东镇。这条路以东 100 米处就是林业局。这条路还穿过一处如画一般的大门状废墟遗址。走过 300 米后，一条小路直角交叉，左侧通向以前会前村的一处漂亮坟墓，右侧 500 米处通向高等林业局。在高等林业局周边的整个地块以及伊尔蒂斯山山坡方圆 500 米的范围内是植物园，它以其种植的各种外来果树、林木和花卉而成为青岛最有趣的景点。

林业局，位于伊尔蒂斯山

植物园附近墓地

植物园附近的废墟遗址

通往植物园的道路

植物园里面的山沟，远处为林业局长的公寓

“捕鼠夹石”和远处的海滨浴场

以前的炮营

c. 伊尔蒂斯山上一处外形别致的花岗岩岩石天下无双。这座山的标志物在大老远就会落入眼帘：山顶上的分裂石。在伊尔蒂斯山南麓、兵营以东 700 米处，半隐半现着所谓的“捕鼠夹石”。

20. 从青岛桥经过炮队兵营前往总督官邸[①]

（距离 2200 米）

这条路经过天后宫、法院和西面的大衙门，穿过口号广场[②]，那里的上坡很陡（不推荐马车和自行车走这条路，应该走通往海滨浴场的路），先经过以前位于右侧的水兵炮队兵营，然后是下坡，路又一次变得很陡。在路尽头处可以看到非常优美的城市和大海风光。总督官邸前方不远处的别墅属于中国海关税务司恩斯特·奥尔默[③]。

---

① 译者注：此处与目录不一致。

② 译者注：此处口号指的是德军战斗时呼喊的冲锋口号“Hurra”，即乌拉。

③ 译者注：奥尔默中文名阿理文，清末胶海关税务司。

21. 从青岛桥前往俾斯麦山[1]

(距离3500米)

坐人力车沿着东关街向台东镇方向走，一直走到这条街上坡的尽头，那里向左下方看能看到大港（2.5公里），在这里下车，走舒适的步行道朝东向上走（1公里）。这里是青岛能够看到由整个胶州湾、外海以及一直延伸到崂山的各处山脉所构成的最精彩全景的地点。天气晴朗时，向北看，越过即墨附近的马山，会看到位于平度和莱州府之间距离超过100公里的锯齿形高山。在叶世克角后方西南方向上可以看到山脉状岛屿水灵山岛；此外在地平线上还有竹岔岛（位于水灵山岛前方）和在东南方向的像火山一样的大公岛，它旁边右侧还堆积着礁石；继续向东是小公岛和在它后方完全在地平线上的、晴天时可以看到的位置最远的由德国管辖的岛屿乍连岛，上面建有一座灯塔。

在胶州湾后方，西南方向的前部是锯齿形的小珠山，在小珠山后方更远距离上的是大珠山。俾斯麦山有132米高。现在可以或者向西南走，走向1903年建成的俾斯麦兵营（以前的东大营），然后向东穿过大山街走到欧人墓地并继续走到伊尔蒂斯山，或者走到

---

① 译者注：此处与目录不一致。

东边绕着俾斯麦山的路，在采石场上方走向大山街。在俾斯麦山北边的花岗岩采石场（采用蒸汽碎石机）对于地质学家来说，其中大量极其开放式的斑岩通道很值得一看。刮西北风时，迎着风，横穿东关街前往信号山，从那里穿过野战医院前往青岛（区）[1]。在青岛附近的俾斯麦山让人看到德国租借地的最佳全景。俾斯麦兵营可能有最好的位置，同时也有青岛地区最漂亮的远眺景色。

俾斯麦兵营附近的山沟

---

① 译者注：青岛既指城市的名字，还表示当时欧人聚居的城市内部区划名称。

22. 从青岛前往毛奇山[1]

（距离4000米）

a. 坐人力车穿过东关街一直到毛奇山有2.5公里，它的周围环绕着一个步行道。山南面有一处弹药库，周边是有趣的锯齿形冲沟；山东面坐落着军队营房，在两个地方边上各有两处蓄水池塘。在东北方向上可以看到杨家群，在它后方是人口密集的新建村庄台东镇，里面的街道纵横交错。

b. 穿过大鲍岛和已经拆掉的小鲍岛村，还能看到村里已经倒塌的村庙和保留下来的一处漂亮的树林墓地，向西南方走就是毛奇山山脚，距离3公里。毛奇山有80米高，上面可以看到位于西北方向大港的最佳全景。从毛奇山前往台东镇，那里有一处有趣的市场（2公里）。台东镇附近西北方向是华人墓地。从台东镇经过扫帚滩（它西面有一处很漂亮的树林墓地），穿过建有青岛水厂泵站的海泊河后通向四方火车站（3公里）。海泊河河水在地下的沙子中流动。

① 译者注：此处与目录不一致。

23. 前往大鲍岛和小港

（距离1～2公里）

乘坐人力车。青岛比起中国的其他沿海城市来说有一个巨大优势，就是中国人居住的城区与欧人区完全隔离。大鲍岛是中国人住的地方。“大”的意思是巨大，“鲍”的意思是晾干的鱼或者类似海鲜，“岛”的意思就像青岛的“岛”。前往小港的道路经过大市场（马路右侧）和中国电报局（马路左侧）。很有意思的是中国人在店里面的营生，这些店德国人什么都不用买也可以参观。还经过小港的东南海岸。在大鲍岛东北方的高坡上会看到新教传教会，再往远处有华人医院。

小港有大鲍岛桥（码头），服务于帆船，也就是小型商船或者类似的船只，还经常有鱼雷艇靠泊在桥边。在这里观察中国人的贸易活动特别有意思。在南面是弗朗茨·奥斯特（Franz Oster）开办的机器厂和船厂。

24. 从青岛桥经新教传教会前往大港[①]

（距离 3200 米）

从威廉皇帝海岸拐弯进入俾斯麦大街，沿着它向北走。快到医院时走上斜坡，一直到通向台东镇道路的路口处开始逐渐变为下坡。在这个路口前方大约 0. 5 公里处有一个车行道拐向炮队管理处大楼和青岛的两个新教传教会。它们是柏林新教传教会[②]（由教区牧师和士谦领导）和同善会（由卫礼贤牧师领导）。

---

① 译者注：此处与目录不一致。

② 译者注：中文名称为信义会。

扫帚滩附近的墓地和树林　（山东橡树）

柏林传教会为正教路德宗，其主要任务为在德国保护地以及邻近各县聚集基督教徒。该教会在大鲍岛、台东镇和李村的小教堂服务于这一目标。其传教站设有一所德华学校，其教学大纲中包括德语、算术、地理、中文典籍、圣经故事和宗教问答手册。在即墨县设有第二处传教站，驻有两名欧洲人员。

同善会除了传教任务之外，在狭义上还以促进科学和汉学为使命。该教会已过世的前任领导花之安博士在研究中国文学方面是一位广受承认的大家，葬在青岛公墓，那里有他的纪念碑。此外，他对山东植物的研究有开创性的贡献。1900 年开办的华人花之安医院是他留下来的遗产。

花之安医院

医院由同善会经营。这里免费接收中国病人。每年接诊量达 4000 人次。院长为教会医生蒂帕尔博士（Dr. Dipper）。医院由 9 座建筑组成，其中 5 座是病房。教会多年前已在青岛开办了一所德华学校，内设商科和科学部。在高密还设有一处分站，那里也同样设立了一所学校以及由欧洲人领导的医院。如果提前在教会领导处报名则可以随时参观教会学校和医院。

小鲍岛附近墓地

过了这条街与通向台东镇的街道路口不久后就又要爬斜坡。它的右侧以前是中国人的村庄小鲍岛；丛林掩映中的寺庙是一处奇特的历史遗迹。在这个小山丘背面不远处矗立着维林公司的住宅和办公楼，这家公司被委托进行大港扩建的工程。从这里开始，街道又一次逐渐变为下坡，一直通向大港，港口边马路右侧是港口管理大楼。

第二条路虽然更近，却没那么漂亮，它经过小港，穿过弗里德里希大街和山东街，离正在建设中的管理一处办公楼不远，新建的港口街则拐向港口码头。

25. 从青岛桥前往四方[①]

（距离 7000 米）

（步行、骑马、坐人力车和马车）

最近也是最舒适的一条路是沿着威廉皇帝海岸和俾斯麦大街，经过野战医院后一直走到位于小鲍岛庙前方不远处，拐到台东镇的那条道路。在这条路上先是会经过一座没有扶手的木桥，然后爬上一座陡峭的小山，然后在左方 45° 向西北拐弯，这样就接上了通向村庄扫帚滩的路（从这里有 1.5 ~ 2 公里），有漂亮的墓地树林。这条路穿过村庄主街继续向前，大约 1

① 译者注：此处与目录不一致。

公里后会越过海泊河，它只在雨季有水，任何时候、任何情况下都可以骑马或者乘坐其他运输工具穿河而过，大约1.5公里之后就到达了四方村。在距离村子很近的地方有花园式饭店“天堂花园”，这里一般每周日下午都会举行军队音乐会。这里随时都有美食和饮料。如果想探访驻扎四方的第一东亚步兵团三连的板式兵营，那就要沿着这条路继续走，穿过四方村。在通过狭小的、两边只有几座房子的村路后，兵营就会呈现在眼前。

位于四方的天堂花园饭店

26. 从青岛前往沧口[①]

（距离 15 公里）

乘坐火车，或者在顺风顺水时坐舢板大概 40 分钟行 17 公里可以到达。落潮时会有一道大约 1 公里宽的沙滩露出水面，导致船只无法通行。也可以坐人力车到四方，从那里步行经过水清沟再向西路过银滩后，穿过有大量地下水流经黄沙的李村河后，再到沧口（距离四方有 9 公里）。或者从青岛骑马或坐人力车前往台东镇（4 公里），从那里经过东吴家村、唐家口、保尔（一处漂亮的村庄，有迷人的树林）、河西、河崖，然后穿过张村河和河东、河南前往李村，距离台东镇 13 公里。这条路穿越风景如画的村庄，远方的山川美景尽收眼底。从李村到沧口有 5 公里。在沧口前方有 1903 年建成的巨大丝绸厂“德华缫丝厂”（属于殖民地协会），但是这里不允许参观。

---

① 译者注：此处与目录不一致。

沧口码头

27. 从青岛前往李村[①]

（距离 15 公里）

参见上一节的行程。还可以乘坐火车到沧口，从那里步行 1 小时到达李村（意思是李姓家族的村庄或者李子村），在流向西南方向的李村河两岸有大型的集镇（居民 1000 人），宽大的沙质河床很少有水流过。这里按照中国的月份每月在河床上会有 6 次大集。1899 年以来，这里也设立了区政府，现在是在一座漂亮的楼里面，位于李村西北 600 米处的一个小山上，风景优美；此外还有新教传教会和它的小教堂以及学校；另有华人监狱。李村西南 2 公里河的右岸曲戈庄附近有王氏家族的所谓官员墓地，它为石砌牌楼，伴有动物与人的石雕，建于雍正皇帝时期（1723 ~ 1736）[②]，很值得看。李村东南方 3 公里处是李村的高地，可以看到美丽的山脉全景，在一座 226 米高山的东北头是一座古烽火台。在以北 5 公里处是植被稀疏的崂后山，可以看到西边绵延的果园。美丽的东流水山有一座有趣的塔（火塔），它东边的北向支脉华阳在白沙河附近则是优美的山地环境。南面 1 公里是劳家庄，里面的坟墓有大理石凿制的人俑、马俑和狮俑，很值得一看。

---

① 译者注：此处与目录不一致。

② 译者注：原文如此，应为 1723 ~ 1735。

LAU SCHAN

Geogr.-lith. Anst. u. Steindr. v. C. L. Keller, Berlin S.

Maßstab 1: 50 000

1000 500 0 1000 2000 3000 4000 5000 Meter

1000 500 0 1000 2000 3000 4000 5000 6000 Schritt

1 ¾ ½ ¼ 0 1 2 3 4 5 6 7 8 9 Chin. Li.

九水下面的竹窝河谷墓地

28. 从李村前往崂山

东面6公里沿河向上游走，在河的右边穿过橙滩前往下河，从那里向东走2.5公里经过80米高的山脊，前往张村河和南龙口，再继续向东走2公里前往竹窝河，北边路过旱河村再沿河向上游走就来到了风景如画的崂山河谷。可以骑马行2公里直到九水（九条水流），在这里把马匹送回李村。九水位于森林覆盖的高山之中，风光秀美，高树下点缀着有趣的墓地。道路穿过一扇大木门，门在夜里会关闭。从九水沿河向下走2公里（东北方向）会经过有着漂亮竹林的九水庙。沿河向上走4公里就是“寺庙山口”，有447米高。1903年在这里为胶澳地区设立了一座疗养院，周边是雄伟的山峰。这里能看到崂山河谷的美好风景，背景则是大海。从疗养院出发向山下走2公里经过观崂石屋进入白沙河河谷前往北九水庙（比九水庙更往北），它也叫做松竹堂，以围绕在它周围的漂亮松树和竹林而得名。在这座道观以南河流交汇之处，矗立着高等法官克鲁森博士在1903年秋天修建的漂亮的乡村别墅。

九水下面的竹窝河谷

九水下面的（崂山）竹窝河谷

29. 从北九水庙前往大崂观

在白沙河河谷（岩石谷）向下走约 10 公里，道路虽艰险，但风光优美，它多次穿越河床，也经过多处漂亮的树林。只有在旱季才可以走这里。在大崂观（道观）里可以过夜。向东前往“过梁山口”（Sturz-pass，距离约 6 公里，482 米高，是德国保护地的边界）郊游，从那里道路继续通向王哥庄和鳌山卫。在走过兰家庄附近的佛塔和官员墓地之后，向河下游走 6 公里。从那里前往东流水、前往石门（石头大门），有 800 米高，还有石门庙，有 326 米高，距离大约 6 公里。

北九水庙的竹林和教书先生

北九水庙附近的克鲁森别墅

30. 从北九水庙前往沙子口

东南1.5公里处是双石屋，从那里走2公里到达蔚竹庵，那里可以过夜（从李村一直到这里需要一天时间）。这里有漂亮高大的松树林和茂密的竹林，是在青岛周边所能见到的最漂亮的竹林。从蔚竹庵走标记为蓝色的道路，经过“奶牛山口”（961米高，德国租借地的边界，五号界碑），一路上可以看到大海，距离蔚竹庵大约4公里。继续经过五指峰前往崂顶，它海拔1130米，是崂山最高峰（位于中国辖境内！）。在山东，只有海拔1550米的泰山比它高。继续前行至伊蕾娜山中客栈。这个房子是青岛山川协会在1899年设立的，1902年重建，可以提供舒适的住宿。它在夏天一直开放，其余的时间必须从李村的区政府或者克利本多夫饭店处拿钥匙方可进入。从伊蕾娜山中客栈向南穿过王子涧，再向下经过东窑前往沙子口（大约20公里），或者穿过崂山河谷经过九水返回。

Fou schan s

Ho ma schy
Fou schan hou
Tsi pu ling
Kloster
Ya ku an
PRINZ HEINRICH BE
FOU SCHAN
Tien tschia tsun
Ta yau
Hsiau yau
Fou schan so
Wang tschiu mai
Hsü tschia mai tau
Hsin tschia tsch
Ting tschiu tsch
Ta mai tau
Mai tau
Höhen & T
120°25′
Maßst
1000
500
0
1000
2000
1
3/4
1/2
1/4
0
1
2
3

Schy lau jen

Geogr.-lith. Anst. u. Steindr. v. C. L. Keller, Berlin S.

蔚竹庵

位于崂山海拔 740 米处的伊蕾娜山中客栈

到 1903 年为止，山川协会在崂山里面标记了下列道路：

从沙子口前往伊蕾娜山中客栈（经过东窑）	蓝色
从大崂观前往北九水庙（穿越岩石谷）	红色
从双石屋前往北九水庙	红色
从双石屋前往蔚竹庵	红色
从双石屋前往伊蕾娜山中客栈（经过岩石谷）	绿色
从蔚竹庵前往崂顶	红色
从蔚竹庵经过奶牛山口前往崂顶	蓝色
从伊蕾娜山中客栈前往崂顶	绿色
从崂顶经过明霞洞前往太清宫	红色
从崂顶经过上清宫前往太清宫	绿色
从伊蕾娜山中客栈前往疗养院	白色

青岛山川协会的伊蕾娜山中客栈

31. 青岛—海因里希亲王山[①]

（距离 11 公里）

首先经过威廉皇帝海岸和奥古斯塔·维多利亚海岸，在走过奥古斯塔·维多利亚湾之后前往伊尔蒂斯兵营，在兵营北边走路况良好的大道前往湛山村，从那里继续前往以前作为一个市集而十分繁华的浮山所村。这个地名来自浮山，也就是海因里希亲王山以前的名字。“浮山”的意思是：在空气中飘浮的山。从

① 译者注：此处与目录不一致。

浮山所开始，骑马和步行的人最好选那条虽然有点不好走但却很浪漫的路，就是穿过岩石坝，经过大窑（大型火炉），坐车走的人最好走经过小窑（小型火炉）的车行道，前往距离这里还有5～6公里的黄草庵（名为黄色草的寺庙）。这座庙坐落在一个背阴、僻静的河谷中，河谷中有一条明溪蜿蜒流动。在距离这座已经不再用作寺庙、而只是有人看门的庙宇建筑只有几分钟的路上，有一座属于皇家总督府的山间别墅，它是在1899年出于进行测绘的目的而建造的。对于那些想在海因里希亲王山里面停留超过一天的郊游者来说，这座房子是一个令人欢迎的过夜地点（需要自备床褥和食物）。房子里面总是有一名德国警卫人员守卫。从这里出发，海因里希亲王山的高峰在大约1小时之内就可以轻松登顶。在山顶上（大约324米高）可以向两边看陆地和大海，景象无与伦比。就在这座山的山峰下面，距离黄草庵东北1.5公里，在险峻的峡谷中有另外一座被高高的花岗石墙围绕的寺庙：浮山庙。

32. 前往皇帝宝座山

从海因里希亲王山向东北走，经过两条小河后穿过一处峡谷，前往皇帝宝座山。皇帝宝座山的中文名字是雾山（今午山），那里也可以看到南面和东面的

Tuan tschia pu
Tschu wo Fluss
Tei lau schan
Nan lau schan
Hsiau lau schan
Scha tsy k'ou
Kau lau tau
KAISERSTUHL
Yen tai tou
Schy wan
WU SCHAN
Yen Scha tsy k'ou
Scha tsy k'ou
Bucht
Tschiang ko tsch.
T. lau miau
Alt. Kastell
Bootshafen
Klein-Futau
Schy lau jen
Tung p'o
120° 30'
Höhen & Tiefen in Metern
Geogr.-lith. Anst. u. Steindr. v. C. L. Keller, Berlin S.
Maßstab 1: 50 000
1000 500 0 1000 2000 Meter
1000 500 0 1000 2000 Schritt

大海以及东北方向崂山的秀美风光。在最高峰下面抵挡着西风的一个河谷中（大约160米高），坐落着石园庙，风景如画。在这座庙下面是石湾和更大一点的村子姜哥庄。从姜哥庄东北走500米就抵达新的沙子口兵站和沙子口湾，有一处漂亮的海滨浴场。在皇帝宝座山以东与其紧邻的是“小崂”，有251米高的烟台顶，以前曾在上面发出起火的信号。

33. 从青岛前往沙子口

（距离22公里）

首先前往台东镇，然后向东北继续经过西吴家村、东吴家村，从那里向东走前往玉关庙，然后继续向东走前往瓦德西高地，那里可以看到雄壮的海因里希亲王山的美景，现在或者经过张村，从张村向西经过柴口前往沙子口，或者从瓦德西高地经过浮山后、大埠东、小埠东、金家岭和石老人（老人外形的岩石），向南路过皇帝宝座山，经姜哥庄前往沙子口。此外还可以从青岛经过伊尔蒂斯兵营、浮山所，走海因里希亲王山和皇帝宝座山南边到达沙子口。一路上都可以看到大海的美景。在姜哥庄和沙子口特遣队之间有漂亮的果园和纪念碑。在沙子口兵站东南方坐落着海庙这座庙宇，它有有趣的壁画和人像，还有一座来自中国统治时期建造的碉堡。

沙子口附近的姜哥庄村

34. 前往女姑口

（距离 23.5 公里）

坐火车在过了第一站后就是中国辖境内的潮村，距离 26 公里，用时 50 分钟。从独自矗立于田野中的火车站出发，经过同名的村庄后向南走，经过巨大的白沙河（白色沙子的河）前往女姑口（意思是处女港或者尼姑港）。这个村子附近以南有 62 米高，从远处就能看见的女姑山（尼姑山），还有一座“天后庙”，里面有有趣的神像，还可以向远方四处眺望。村里有中国海关的站点。从女姑口坐舢板可以前往 4 公里外的岛屿：阴岛。

35. 阴岛[①]

阴岛直径大约 7 公里，地势十分平坦。最高处有 60 米高。岛上除了几处寺庙外没有什么有意思的地方，只有 15 个村庄。这个岛在退潮时和北边的陆地相连。

36. 海西[②]

海西的意思就是大海以西，也就是朝向德国保护

① 译者注：此处与目录不完全一致。

② 译者注：此处与目录不完全一致。

地、位于胶州湾西面的半岛。它最东北处的海角被称作叶世克角。从青岛到叶世克角距离6公里，按照不同的风向多多少少地很快就能到达。叶世克角附近西南方突兀地矗立着一座孤零零的锥形山，高68米，从青岛一边就可以看见。它是白庄附近的一座花岗岩山："青石山"（绿色的石头山）。还可以乘坐舢板一直开到薛家岛码头，它是这个半岛上最大的一个地方。这里有一座德国警察站，往西走4公里就是保护地的边界，它是位于阿科纳湖与胶州湾之间的一条古老的运河，早已被泥沙淤积。

37. 灵山卫①

（距离32公里）

灵山卫位于风光秀美的、700米高的小珠山（小珍珠山）。这座山脉从青岛看去位于胶州湾后侧的西面。人们可以从青岛直接乘坐小艇2.5小时到达灵山卫。该地居民广泛从事蔬菜种植，他们精心护理田地。它附近半山坡上设立有苗圃，那里给种树的中国人提供必需的针叶林和阔叶林。主要销售时间在3月中。再往西是大珠山（实际上要比小珠山小）。珠山的众

---

① 译者注：此处与目录不完全一致。

多河谷风景如画。在小珠山的最高峰大顶[①] 可以环顾胶州湾的秀美风光。

38. 竹岔岛[②]

（距离 13 公里）

海西的东面有四座从青岛就能看见的岛屿，在英国人的地图上被称作“圆 J”。西边的那座最大，有 1 公里长，40 米高。岛上有一个贫穷的村庄，叫竹岔岛村，很少有欧洲人来这里。落潮时人们可以不湿脚就从这个岛走到位于东边更远、56 米高的无人岛：脱岛[③] 。更远处还有由两个岩石岛组成的莲岛[④] 。这些岛屿在地质学方面很有意思（这是保护地区域里唯一出现片麻岩的地方）。如画般的礁石海岸上是明显褶皱、被海水侵蚀的岩层。

---

① 译者注：原文为 Ta Mo Schan，经查找资料，未发现与此发音相近的山峰，现小珠山主峰为大顶。

② 译者注：此处与目录不完全一致。

③ 译者注：此处原文为 Pin Liu Tau，音：品刘岛。根据《胶澳志》卷二中记载，该小岛疑为名为“莲岛”的三个小岛其中之一。

④ 译者注：参见《胶澳志》卷二第 2 页，该岛共包括三个小岛。

太清宫附近的登陆场

Kap Jaeschke

Maßstab 1 : 50 000

Geogr.-lith. Anst. u. Steindr. v. C. L. Keller, Berlin S.

1000 500 0 1000 2000 Meter

1000 500 0 1000 2000 Schritt

1 3/4 1/2 1/4 0 1 2 3 4 Chin. Li

39. 水灵山岛[①]

（距离 33 公里）

水灵山被误称为陀螺山，是保护地最南边的部分，也是最漂亮的一座岛。它位于青岛以南 35 公里处，大约有 5 公里长，3 公里宽，482 米高。陡峭的南峰让人想起德国的黑尔戈兰岛。在岛的东边和西边有 17 座村庄，其中一部分还拥有如画般的树林。刮西风时，船停泊在岛东岸的古柏崖（原文为：Ku pei ye）；刮东风时，船停靠在诸城附近的一个小港口或者岛西岸的辛庄。从那里引出来一条路，风光优美，一部分在向南的高峰悬垂下的岩壁下，另一部分有一条舒适的步行道穿过情况各异、位于海岸边的冲北方的村庄，一直到最北边的汤泉村。从这个地方开始，在南边会看见能让人想起大象鼻子的异形岩石。这条路之后经过一个 88 米高的山口通向东边的村庄。要是没有路的话，也可以经过南边的各座高山绕岛环行。这座岛在地质上远超保护地其他地方，是最有意思的一部分。最底层是碳，其上则为辉绿石和斑岩层。还有有意思的砾岩、褶皱以及矿脉。要是从海滨浴场往伊尔蒂斯山走，从青岛那里就能看到这座岛。

---

① 译者注：此处与目录不完全一致。

太清宫附近的登陆场

太清宫内院

40. 大公岛[①]

（距离 20 公里）

大公岛是西面的火山形状岛屿，由年代较久远的沉积山脉层构成，具有显眼的分层，并且五颜六色。岛上无人居住。它只有 0.5 公里长，126 米高，很难上去。

41. 乍连岛[②]

乍连岛位于青岛以东 50 公里处，只有在天气非常晴朗时才能看见，它也构成了租借地的东部边界。它有一个光秃秃的绵延的花岗岩山崖，1.5 公里长，71 米高。自 1903 年 10 月以来就在山顶上修建了一座灯塔，塔楼 15 米高，位于水面以上 80 米处。白色的煤油白炽灯每十秒钟发射一次瞬时闪光。

---

① 译者注：此处与目录不完全一致。该岛的中文名称在当时的史料中也写作“太公岛”。

② 译者注：此处与目录不完全一致。该名称来自青岛市情网。现称为潮连岛，在当时的史料上又写作岔连岛。

42. 太清宫[1]

（距离大约 30 公里）

在青岛东北方向大约 30 公里处坐落着牙岛海角，它是崂山最东边的支脉。在这个海角以西 4 公里处的花岗岩山中间有一个宁静安逸的海湾，它可能是从青岛出发进行全日旅游可以享受到的最美丽风景。道观太清宫的竹林和松树林。在这个道观里面还可以过夜。向东北走 3 公里穿过道观小道就会前往如画般的青山村，那里有竹林和松树林，并有一处海滨浴场，这个地方应该也会有发展前途。从太清宫向北 3 公里或者从青山村向西走同样距离会到达明霞洞，它同样拥有漂亮的松树林和竹林。从这里向西北 4 公里坐落着 1130 米高的崂顶，它是崂山里最高的一座山。

从太清宫前往青山村的道路也构成了崂山的花岗岩与牙岛海角的沉积层之间的边界，这些沉积层是由角页层的花岗石转化而来，但是还有明显的分层，它是世界上“接触形变”最壮观的例子之一。在道观小岛上经常会找到火石岩石块，由融化的花岗岩与角页岩构成。这里还有石英晶体，这在整个崂山都很常见。

① 译者注：此处与目录不完全一致。

43. 从青岛前往白沙河河谷[①]

坐火车前往26公里外的潮村－女姑口，它是中国辖境内的第一座火车站。早上7点出发，7点51分到达（返程时下午5点40分出发，到达青岛的时间是晚上6点31分）。从孤零零坐落在田野间的车站向南600米，然后向东经过白沙（白色的沙子）、流亭，走向华阴，穿过伴有美丽小树林的几座村庄，路程15公里。在这里道路进入山中，景色就会变得非同一般的美丽。华阴西南1公里处、位于白河左岸的一座小山丘上耸立着一座塔。路左边花岗岩山崖壁上有一个洞，中国的夫妻们或者将要成婚的人会往里面扔石头。要是丈夫一方扔的石头首先留在洞里，那么夫妻两个人就会生儿子，反之则会生女儿。山崖前堆积了大量石头。道路穿越了附近一处华丽的牌坊，在背阴的松树林下还有座寺庙坎宫寺。道路在杨家村的后面跨过了白沙河。在这里就已经可以看见山上的第二座塔（距离华阴3公里）。从那里到兰家庄附近漂亮的大理石坟墓还要走1.5公里。腿脚利索的人可以用一天往返潮村与这里，还可以步行或者骑马前往石门庙（5公里）或者前往李村（大约17公里），或者向东沿白沙河河

---

① 译者注：此处与目录不完全一致。

谷向上。这个河谷的下段被称作伊蕾娜河谷，陡峭又多岩的上段名为岩石谷。从这座塔前往道观大崂观大约 7 公里，这里可以过夜。在岩石谷向上再走 6 公里就是北九水庙，这里同样可以过夜。

在海边沙滩，远处为崂山湾

太清宫

Insel Schui ling schan

Führer v. Tsingtau u. Umgebung — Plan 7

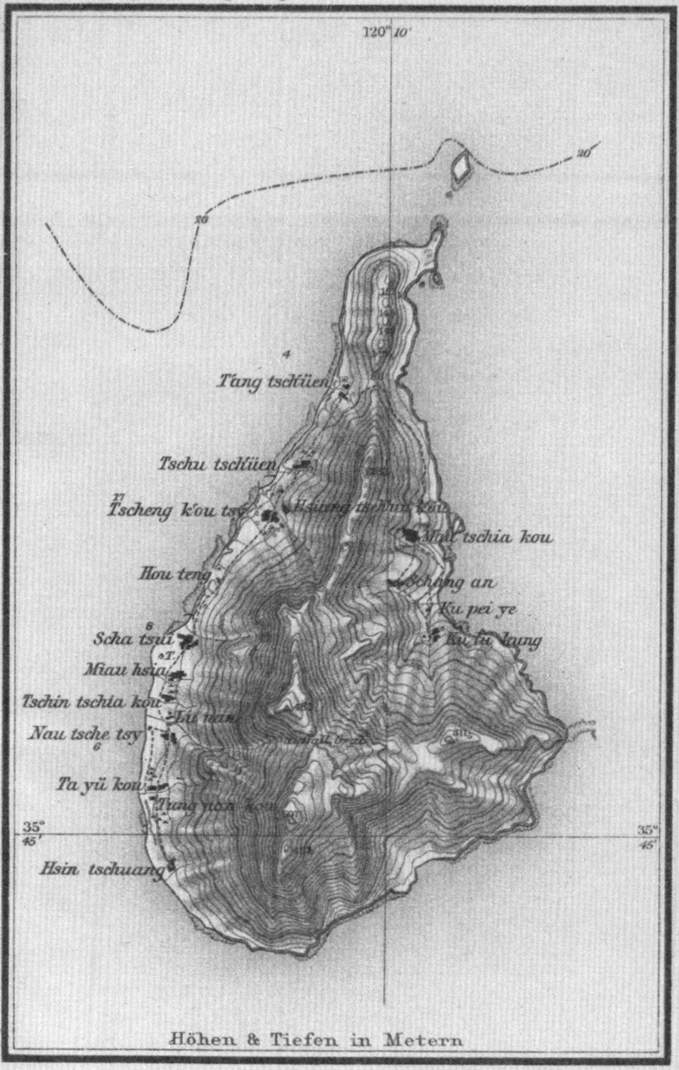

Maßstab 1: 50 000

Geogr.-lith. Anst. u. Steindr. v C. L. Keller, Berlin S

1000 500 0 1000 2000 Meter

1000 500 0 1000 2000 Schritt

1 ¾ ½ ¼ 0 1 2 3 4 Chin. Li

太清宫周边树林

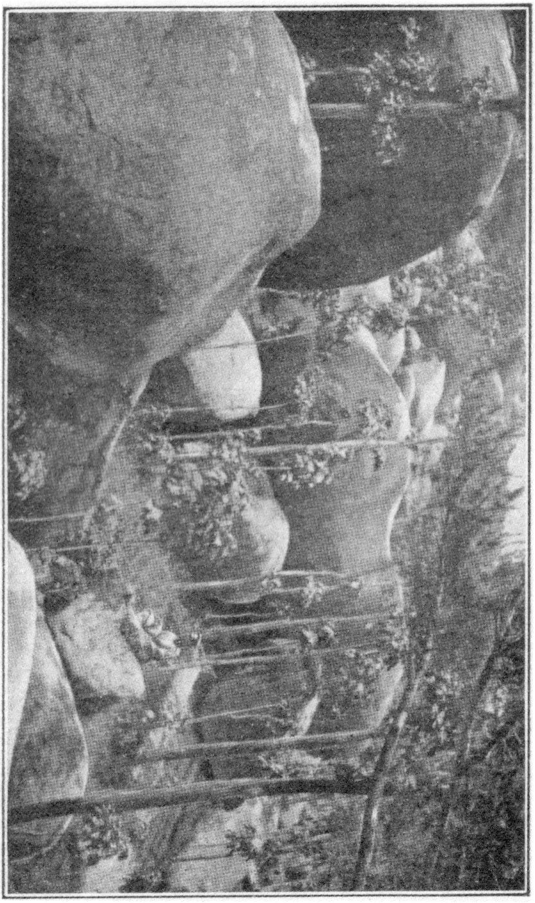

青山村附近景观

青山村码头

白沙河河谷附近的华阴的牌坊

Geogr.-lith. Anst. u. Steindr. v. C. L. Keller, Berlin S.

Maßstab 1 : 50 000

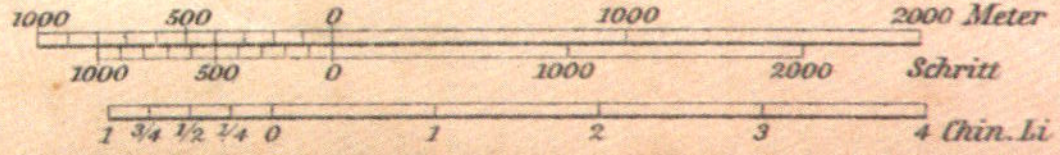

白沙河河谷杨家村的塔

白沙河河谷兰家庄的石像

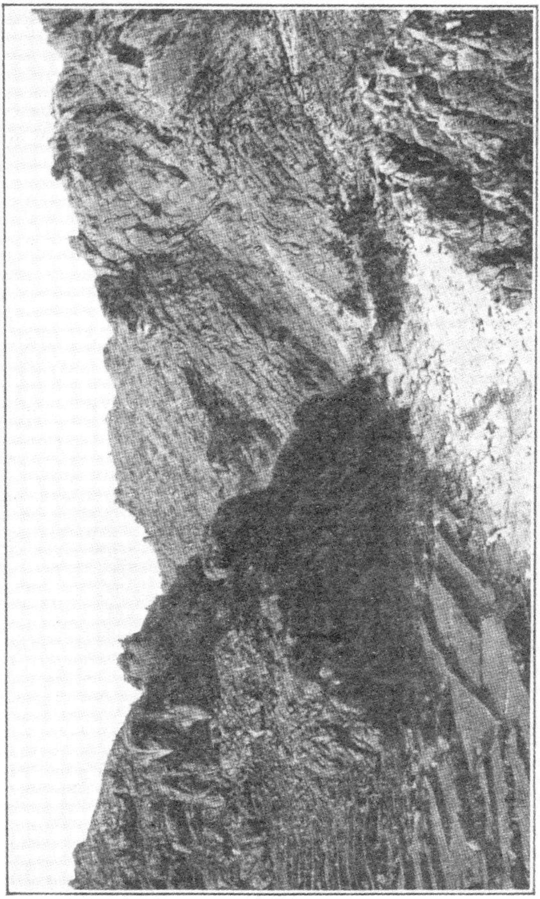

河东附近的白沙河岩石谷

44. 从青岛前往城阳和即墨

从青岛坐火车前往城阳有31公里，这里是中国辖境内的第二站。早上7点出发，8点到达。回程是下午5点30分出发，6点30分到达青岛。河边车站以北大约3公里处有一座倒塌的庙，还有一处坟地，里面有有意思的石人和石兽掩映在古老的松柏林下面。道路也经过城子，可以问路前往十岔子（石桥庙）以及石人（意思为石头人）。付给苦力10分钱，他就会很乐意指路。庙下面5公里的十岔河河口有一个老的盐池子，以前这里通过海水蒸发获取食盐。最妙的是从城阳到即墨大约15公里的道路（即墨这个发音在这里没人听得懂，要发作“即密”），骑自行车1小时就可以走完。在火车站还可以租驴（一天60分钱，有向导），如果骑驴走，这段路耗时3小时。即墨有保存完好的巨大城墙，在城墙顶上可以舒适地缓行，它是中国城市的原始景象。还有一些有趣的庙。在城隍庙（黄色的城庙）[①] 里面用石像表现地狱中残酷的刑罚。此外还有一座孔庙（孔圣庙）。在城里面有一个很好的客栈，那里可以过夜。在石寺峡有一整排石头牌坊。

① 译者注：原文为德文 Gelber Stadttempel。

即墨街道上的牌坊

45. 从青岛前往胶州

（坐火车 73 公里，用时大约 2 小时）

青岛早上 7 点出发，下午 4 点到达胶州。

从火车站有一条车道通向城市的北门。就在北城门内的左侧有一个以前的中国油坊，它后来被铁路方买下，重新装修用作铁路职员的宿舍。在右侧会看见有一座小庙，被特遣队的军医重新设置为给中国人看病的医院，给有需要的生病的中国人提供免费的医疗帮助，很多中国人都来这里。它的东面是德国邮局，火车站背面是德国特遣队的兵营。在城西的郊区有一座土地庙。庙里大门上悬挂着一个巨大的中国算盘，在二进院里有一个戏台。在侧厢房里则以激烈的手法表现了地狱里面的煎熬。主殿冲向北方，被用栅栏封上，但是很容易拿到钥匙进去。这座庙一开始是城里的人自己建造的，1369 年正式由明朝洪武皇帝下旨建造。在来这座庙之前，在右边（南边）能看到一家规模很大的当铺。从那里走向城里，那么在向右方拐弯时会路过城里最大的一家书店。如果从城市的西门进入内城，那么很快就会到达衙门。就在附近大街上就能闻到多家大烟馆令人作呕的气味。您会受到衙门里的下级官员或者仆人们的殷勤伺候。衙门自身状况非常好。在二进大门左右两侧都有木笼，里面关着重犯。

胶州城里的骆驼商队

这座城市很小，从衙门处就可以看到东城门了。去那里的街上有许多石碑。街道左侧东边是县试考试的考场。城外的东面有武圣庙。在1900年暴乱刚开始时，德国特遣队曾经在这里短暂停留。

如果沿着街道向东南走，就会走到天后宫。街道右边有市立德华学校，1902年12月17日开办，有学生20人。在街道南头左边是夫子庙大门，一般情况下都是关闭的。在中国农历初一和十五，县里的士绅必须循例祭拜“万世师表”，就像主殿大门牌匾上对孔子称呼的那样。两座巨大的石碑在康熙年间设立，东边（右边）那座设立于1686年，西边那座是1689年。主殿的房顶用琉璃瓦铺就，保存状况良好，屋檐上还有漂亮的龙像。

高密特遣队兵营附近的树林

庙内部年久失修，非常肮脏。著名的孔子塑像立于中央，两侧则是4名他最优秀的弟子，其中就有孟子。两侧石墙边还各立有孔子其他弟子的5座塑像。在厢房则放有孔子七十二弟子的牌位。

在东面与夫子庙相邻的是文圣庙。走过南城门，在第一条侧街向左拐弯，路过大清电报局后就来到了天后宫。这里是所有庙宇中最干净的。这座庙前南面有外部戏台，在主大门处有内戏台。厢房则是看戏的7个包房。

从天后宫向西边走就来到了财神庙。路上还有机会看到铜匠用他的简陋工具精心制作大烟灯，这在此地很受欢迎。此外还会遇到一些银匠，他们制作一些非常漂亮的首饰。老地方上的财神庙在1901年才由这里的银铺老板们建造。这座庙无论外部还是内部都辉煌无比。主殿与众不同地位于南边。庙里面有两座金碧辉煌的人像，右侧一座保佑平民，左侧那座则保佑军人。在侧壁边上的辅像或者手里捧着中国银元宝，或者胳膊里夹着账本。除了这座庙的建筑，在东院（左手）是胶州商人们的交易所。

从那里出发还可以拜访书院（一名富有的中国人所有），里面有竹林与荷花。

路上还会路过处决犯人的刑场。一般情况下它都用作市场。

天主教传教会位于城市西北方向较远的地方。从书院向东北方走又再次走到通向北城门的大路。在火车站附近有一家小客栈，那里也提供欧式饮料、食物等。

非常遗憾，许多旅行的欧洲人从这些庙里面拿走了有价值的艺术品，如黑塞·瓦特格[①] 在他的书《山东与德属中国》第 61 页所描述的那样。

---

① 译者注：德国记者，中文名海司。

46. 从青岛前往高密[①]

早上7点从青岛出发，10点到达高密。回程下午3点22分从高密出发，晚上6点31分到达青岛。

高密城墙外的大集

乘坐火车深入山东内陆越远，土地就变得越肥沃，风光也越美丽。要是不看崂山的河谷，从青岛到高密的山地之旅能欣赏最美的风光。在老地图上，例如李希霍芬画的那些地图上，在快到高密时标注了一处内湖，然而这个地方却并不存在。高密火车站位于离城市大约20分钟处。在路上的一处美丽的小溪旁有德国

① 原文注："高密"的字面含义是"又高又密"。

客栈“艾德布特尔”（Edelbüttel），可以在这里过夜。这里的饭不错。离这家客栈10分钟路程处，在小山丘上驻扎着德军特遣队，里面有漂亮的花园。高密城很有趣，有巨大的城墙，城墙前面是大集。这样的市场展现了各种各样的鲜活景象，也让人对中国人的工商贸易活动有一个基本了解。街上的销售商店（特别是银铺）、庙宇和纪念碑都值得一看。城市的四周围绕着一大片特别安逸的村庄，它们都有漂亮的坟墓林地与古树。值得一看的是带有漂亮石像的大官墓地。这些地方不好找，需要在客栈或者特遣队那里找向导。

高密寺庙里面的神像

47. 坊子煤矿[①]

坊子煤矿位于高密之后的第九座火车站、潍县火车站之前的昌乐站附近的铁路线以南 20 分钟路程处，距离青岛 170 公里。中国人在那里开采煤矿已经有几个世纪之久，它的矿层一直延伸到地表。1869 年 4 月 22 日，李希霍芬参观了这些煤矿，在 1882 年他的著作《中国》的第二卷第 210 页上发表了它的特征描述。最老的矿井深达 40 米，在雨季必须要离开这里。碳层平缓向北滑落，混入火山喷发出来的斑岩，它把接触面上的煤炭部分转化成了焦炭。在碳层不难找到斑岩结晶。1902 年在矿井 175 米深处找到了厚达 4 米的主矿层。此外，在 136 米处还有一个大约 0.5 米的矿层，在主矿层下 40 米处有一个 2 ~ 3 米的矿层。在矿井东北 1360 米处打深孔勘探时，在 333 米处发现一个 3.25 米的矿层，在 366 米处发现一个 3 米的矿层。

① 译者注：此处与目录不完全一致。

山东矿业公司在坊子的煤矿

1902 年 10 月 30 日，第一列装有 150 吨煤炭的火车抵达青岛。到目前为止，一共开采的数量为：1902 年 5928 吨，仅 1903 年 4 月 1 日到 6 月 30 日就开采了 8490 吨。开采的煤炭就地或在青岛都销售平稳，即使是劣质煤和筛选出来的精煤，到目前为止在中国客户那里也都卖出了好价格。1902 ~ 1903 年开采了 9178 吨煤，其中 1101 吨自我消化，库存为 918 吨，7159 吨供销售。销售款为 59181 元（1 元等于 2 马克），这笔款项相当于除开采费用外潍县煤矿几乎全年的管理费用。

48. 青岛—潍县[①]

（2 日郊游）

早上 7 点从青岛火车站出发，中午 12 点 47 分到达潍县，回程是中午 12 点 57 分从潍县出发，到达青岛的时间为晚上 6 点 31 分。

到高密段的情况参见前文。从高密开始的火车旅行直到丈岭都没什么特别之处。然后火车沿岞山盆地行驶在弓形地形上，穿过水量丰富的潍河河面。特别在天气晴朗、阳光充足的时候，铁路北面绵延的石灰岩呈现出壮观的场景。

在潍河上，水量充足的季节里，帆船往来频繁，

---

① 译者注：此处与目录不完全一致。

河岸两侧会看到大量果园，平原上凸起的高地上也经常有大量的树木。有一座铁路大桥穿过了潍河，还有一座一样的桥也穿过了其支流云河。高密和潍县之间唯一一个较大的地方是南流，从大老远就能看到那里一处漂亮的柏树林。

越接近潍县，茂密的房屋、村庄令人喜爱的外景和这里精细的围墙就越明显展现出人们的富裕程度。还有房屋的建造方式上也更具共性以及规范，潍县周边地区最终也通过它们更大的树木财富而赢得更多魅力。

从火车站那里一条宽阔的铺设道路通向了城市内部。这座城市被良好的城墙围绕，环绕着护城河。穿城而过的白浪河把城市分成了两部分。距离火车站2公里远的一处中式房屋里面有德国邮局。

在市郊，尽管路况极其恶劣，也还是有频繁的小推车往来。在这里还有大商人的商铺，而内城里面则是官员、零售商以及手工作坊之所在。各行各业在每一条街上总是只有一种，因此在潍县会有特别的银铺街、铁匠街、煤炭街，等等。

毫无疑问，潍县是除周村之外山东最大的贸易城市，贸易往来非常频繁，因此最近成立了一个提升商业与工业水平的委员会，涉及许多现代化设施，有卷雪茄的设备，也有生产肥皂和织布的设备。主要的进口商品是日本棉线、日本火柴以及美国和英国的棉纺产品。

离火车站大约 4 公里远通向南流的公路旁有高墙围绕的美国长老会的楼宇，长老会在山东分布有 7 处主要地点，在全省有大约 6000 名信众。它拥有一所大学，这所大学之后会从登州府迁往潍县，还有多所学校，其中也有一所在潍县，还有大量预备学校，单在潍县地区就有 140 家。

这家传教站是由传教士狄考文（Mateer）和郎汉（Langhan）从芝罘开始在极端困难的情况下成立的。义和团运动期间，传教站全部建筑在 1900 年 6 月 25 日被一群来自潍县和郊区的野蛮暴徒摧毁，独自看守房屋的传教士方法敛（Chalfant）趁天黑从一个城墙上无人看守的地方顺着梯子侥幸逃生。1902 年传教站重建，一开始由于思想非常保守的潍县人的敌对态度而面临各种困难。

除了前面提到以前位于青州府的大学，最近落成的建筑还包括：一座 35 英尺（约 10 米）高的教堂，一座非常宽敞的医院，男童与女童学校各一所，里面有给男孩和女孩休息的卧室，3 栋各方面设施都完备的独栋家庭别墅和 2 处供单身教会成员居住的宿舍。在预备学校毕业后，男孩们要在潍县的高级学校里或者在主要传教地中的另一个地方上 7 年学，这些学校一般不招收 14 岁以下学生。

在这些高等学校里面的教学课程除了中文传统典

籍外，还有英语、算术、物理、自然、天文、历史和地理。完成这7年的学习，学生在通过考试后一部分成为预备学校教师，那些更聪明、更有追求的学生会继续上潍县的大学或者青州府的传教士大学。

49. 青岛—青州府—济南府[①]

（4天）

济南府的湖泊

从青岛火车站早上7点出发，下午2点37分到达青州府。从青州府下午2点47分出发（在次日）。在第4天早上从济南府出发。

① 译者注：此处与目录不完全一致。

“青”意为清澈。青州府设置于明朝[1]，周边10公里内有居民3.5万人，这里是丝绸和核桃的出口地。一条宽阔的碎石路从火车站通向内城，并作为主街穿越整座城市。城市当中的各处房屋中分布着美国长老会的学校、传教士大学、医院和值得一看的博物馆，这里每年有7万名中国观众。离外城大约2到3公里处有一座内城[2]，人口约5万，里面几乎只有士兵，这个地方到目前为止极端保守，直到不久前才接受外国武器和训练士兵的方法。离青州府4公里处有一座大庙青龙寺，里面有漂亮的庙宇设施。

在前往济南府的路上会路过周村，它是山东最大的丝绸聚集地，交通四通八达，是草帽、生丝、草编制品和玻璃商品的出口地。离这里大约12公里（铁路右侧）处是邹平，周边风景迷人，城市以南的山脉高度达上千米。

济南府（“济河以南”）是山东巡抚衙门所在，有大约35万居民。它是省政府所在地，有欧式旅店（克利本多夫饭店，含膳每天3元）、高校、军械库（洛口）、电话以及电力照明。街道都是碎石路，按照欧洲样式重新建造。主大街有灯光照明。

---

① 译者注：原文为青州府是明朝的起源地，应为谬误。

② 译者注：按照近代西方人对中国城市布局的命名，内城称为Tartarenstadt（鞑靼城），外城称为Chinesenstadt（华人城）。

济南府的湖泊

景点。位于城北的大湖里面有如画的小岛，城西在城墙边是被公共浴室和石质浴池环绕的矿泉，里面的水晶莹剔透。

在大西街的巡抚衙门，距离南城门不远。

济南府附近的风光

德国领事馆。位于外事衙门（洋务部）以东。

火车站。火车西站位于西郊之外，火车东站在东门外通向黄河的新街旁。

传教会。美国长老会（Dr. Neal，中文名聂会东博士）和天主教传教会位于城西西门前不远处。还有大学和教堂。

菩萨庙位于城南（千佛山）。

交通工具为抬椅。这样一个抬椅在市区内大概是50分钱，出城要大约70~80分钱（2个轿夫）。

50. 博山[①]

博山的德语意思为：凌乱的（或者遥远的）山。它同时也是这个城市的名字。坐火车到张店（“张家客栈”），距离青岛285公里。从这里开始有一条支线通往博山。

李希霍芬在他的著作《中国》中做出了一个恰如其分的描述，在这里我们原文引用：

“博山县是一个我到目前为止遇到的最工业化的城市。所有的一切都在干活，都在搅动。这座城市有着工厂所在地特有的被染黑的外表，厚厚的烟云则昭示着各处营业场所。因为这里漂亮的煤矿所出产的优质煤炭早就导致出现了各种工业的运营，它们在多个

---

① 译者注：此处与目录不完全一致。

世纪以来都一直在向前发展。这里的人善于发明，因为中国还没有专利这个部门，因此技术人员都把秘密以发明者家庭垄断的形式一代代地传承。其中就包括玻璃制造，这个民族几千年以前就制作陶瓷，现在却远远地落后。只有在这里，人们从中取得了备受认可的成绩。中国和欧洲的藏家都特别珍视小小的玻璃制鼻烟壶，它们经常用令人惊奇的技术、以令人愉悦的品位制作而成。然而，这项艺术的早期高峰却再也达不到。这里同样也是普遍受到珍视的景泰蓝艺术的发源地，直到今天，这个地方仅有几个家族掌握珐琅制作的秘密。明朝时，在这个行业的几个人手里发扬光大，但是后来完全失传了。在乾隆时期，人们对于器皿上的景泰蓝的爱好又一次被唤醒，人们徒劳地尝试模仿这个技术，直到找到彩色玻璃发明者后人，因为这个秘密没有在发明者中失传。这一行迎来了高度繁荣，由于颜色和形式与绘制上的美感制作出令人惊讶的器皿，在欧洲现在人们都用高价收购它们。然而这一行又一次没落。最近当人们想利用外国人对景泰蓝的爱好时，人们又一次找到博山，从这里找到颜色华美的玻璃瓶。这些家庭只失传了几个颜色的配方。”

博山的周边风景特别优美。

博山煤矿几个世纪以来都由中国人经营。李希霍芬在 1869 年 4 月 15 日至 18 日之间拜访了他们，在他 1882 年出版的作品《中国》第二卷第 201 ~ 203 页有描述。博山的煤层看起来与坊子附近的都属于同时期，煤的质量可能更好。通过山东矿业公司的深层钻探证明在更深层还有分布。在博山以南，煤山连接上了黑山（黑色的山），中间时断时续延伸向济南方向。

51. 泰山[①]

山东省最著名的地点就是神圣的泰山，海拔 1550 米，是山东最高的山，由花岗岩构成。登山最好的方式是坐火车到济南府，那里必须及时预订推车。坐推车到泰安府（“安”意为平安），路上要两天。一辆车的费用是每天每人大约 4 马克。路况很差。要是随身没有行李，应该骑马前往。路先是向西南，然后转向东南。距离泰安府大约 50 公里（100 里）远的时候穿过万德。这里有一座庙，有很漂亮的陶土山墙。快到泰安府时有漂亮的寺庙、中国邮局和传教会。在这里过夜，并及时预订第二天早上爬泰山用的山椅。一个椅子有两名苦力和两名备用苦力（很推荐），每天价钱 2.5 马克。上下山只需要一天时间。然而也可以在泰山上的寺庙过夜。从泰安府出发路上两天就到了曲阜，意思是弯曲的山（这里是孔夫子的出生地和陵墓所在）。再向西半天就是兖州府，这里是山东的代牧区（截至 1903 年为主教安治泰），这里还有一所德国

---

① 译者注：此处与目录不完全一致。

人管理的文理中学。

曲阜的孔子墓地

从泰安府出发路上两天就到了西北边的博山。路况很差，无法乘坐马车，必须骑马或者坐小推车。一路上的风光优美，特别漂亮的是第一眼看到的位于高处、有着宽大城墙的博山城。

邹县是孟子的故乡。

名词注解

为便于读者阅读，对文中出现部分地名及建筑物等进行简要的解释。

棣德利山——今信号山。

俾斯麦山——今青岛山。

伊尔蒂斯山——今太平山。

海因里希亲王山——今浮山。

奥古斯塔·维多利亚湾（克拉拉湾）——今汇泉湾。

皇太子海岸——今贵州路。

威廉皇帝海岸——今太平路。

霍亨索伦大街——今兰山路。

不莱梅大街——今肥城路。

弗里德里希大街——今中山路南段。

山东街——今中山路北段。

海因里希亲王大街——今广西路。

伊蕾娜大街——今湖南路。

路易波德大街——今浙江路。

阿尔伯特大街——今安徽路。

蒂尔皮茨大街——今莒县路。

霍恩洛厄大街——今德县路。

威廉大街——今青岛路。

俾斯麦大街——今江苏路南段。

游内山灯塔——位于今团岛西南角。

礼和洋行——位于今太平路 41 号。

顺和洋行——位于今兰山路，原建筑已拆除。

哈唎洋行——位于今兰山路，原建筑已拆除。

海恩大楼——亨宝船运公司办公楼，位于今中山路与肥城路路口，原建筑已拆除。

青岛桥——今栈桥。

水师饭店——位于今湖北路 17 号。

克利本多夫饭店——位于今太平路，原建筑已拆除。

信局——位于今安徽路 5 号，现为青岛邮电博物馆。

海因里希亲王饭店——位于今太平路，今只留下旅馆部，改名为栈桥王子饭店。饭店部建筑被拆除，旧址处现为泛海名人酒店。饭店西馆被拆除，旧址成为青岛日报社大楼。

花之安医院——位于今武定路 27 号，现为青岛市妇女儿童医院国际部。

德国橡树饭店——位于今莒县路。

德华银行——位于今广西路 14 号。

山东铁路和矿业公司——位于今广西路 14 号。

新教小教堂——位于今江苏路，原建筑已拆除。

野战医院——位于今江苏路 16 号，现为青岛大学附属医院。

督署小学——位于今江苏路 9 号，现为青岛市实验小学。

督署衙门——位于今太平路，原建筑已拆除，现址为青岛人民会堂。

衙门桥——位于今太平路、莱阳路与大学路交汇处，原建筑已拆除。

阿里文别墅——位于今鱼山路 1 号。

俾斯麦兵营——位于今鱼山路 5 号中国海洋大学院内。

总督官邸——此为胶澳总督临时官邸，位于今福山支路康有为故居旁，原建筑已拆除。

海滨饭店——位于今南海路 23 号。

跑马场——今汇泉广场。

欧人公墓——位于今青岛山东面，现为百花苑。

伊尔蒂斯兵营——位于今香港西路 2 号。

德国女童寄宿学校——位于今浙江路 28 号。

附录广告注释

本书所附广告内容基本以该洋行商号营业范围的关键词汇为主，因此本部分主要对这一部分内容进行了翻译。对广告中涉及的地址类历史信息，翻译时也尽量增加注解，以求达到更好的理解。

1. 德华银行，总部位于上海，分行位于柏林、青岛、加尔各答、香港、天津、汉口，股本金500万海关两。地址为威廉皇帝海岸（今太平路）。

2. 汉堡康拉德·贝尔进出口公司，主营图书杂志出口业务。

3. 福寿药房，所有者为药剂师阿达尔贝特·拉尔茨，位于海因里希亲王大街（今广西路）与阿尔伯特大街（今安徽路）拐角，主营照相制品、香水、护肤以及儿童和病人皮肤护理制品。

4. 山东铁路公司，总部位于柏林，主营青岛与济南间400公里长的铁路线。

5. 山东矿业公司，总部位于柏林，资本金1200万马克，在潍县和博山地区采矿，青岛办公大楼位于威廉皇帝海岸（今太平路）。

6. 不莱梅威廉·科恩坎普公司，进口东亚丝织品。

7. 汉堡马克斯·多恩公司，主营向中国出口机械商品的业务。

8. 青岛沙滩饭店，位于奥古斯塔·维多利亚湾（今汇泉湾），有 40 间客房以及面向大海的游廊。拥有自有更衣室，可以在很短时间内到达植物园和伊尔蒂斯山。

9. 青岛日耳曼尼亚啤酒股份公司，根据最新经验建设的最现代化啤酒厂，预计在本年十月开始销售质量最上乘的啤酒。

10. 克利本多夫饭店，位于登陆桥边（今太平路），拥有 30 间典雅客房和大型游廊等设施，每天供应新鲜的扎啤以及广受认可的最佳饮食。

11. 青岛火车站饭店，所有者为保罗·里希特，位于火车站对面，推荐本地食品、俱乐部以及高档啤酒和葡萄酒。

12. 藤井照相馆，位于霍亨索伦大街（今兰山路），有最新、最佳的设备以及超过 600 种不同的青岛及腹地风光。

13. 广包公司，建设地上及地下建筑，铺设水管和下水设施，以及木工、铁匠等。

14. 青岛哈喇洋行，皇家轮船和青岛政府供货商，供应玻璃、瓷器、奢侈品、罐头、烟草以及各种制成品。

15. 立中洋行，青岛—北京—胶州—高密—济南府，进口葡萄酒、利口酒、水、罐装及瓶装啤酒，以及大量烟草、图书和绘画等制品。大量供应玻璃、瓷器制品。

16. 嘉卑世行，青岛阿尔伯特大街（今安徽路），大量供应军用制品和制服。自有制衣厂（德国剪裁师)。其他产品：男士衣物、德国鞋类、骑马配件、全套网球用品、打猎装备、自行车、罐头和香烟等。

17. 青岛兴泰号，新鲜以及罐头制品、中日产品、银质饰品、丝绸制品、漆器、陶瓷、中式家具，并提供煤炭和木材。

18. 相宜洋行，1904 年前位于海因里希亲王大街(今广西路)，后搬至弗里德里希大街（今中山路南段）与伊蕾娜大街（今湖南路）拐角，进口代理，长期供应咖啡、饮料、罐头等。

19. 青岛瓦格纳时装店，位于弗里德里希大街(今中山路南段)，自有衣物与时尚杂志，各种衣物新品以及香水等商品。

20. 青岛马克斯·哈森利特公司，位于海因里希亲王大街（今广西路)，进口葡萄酒、啤酒、利口酒，大量供应香烟、雪茄、明信片、罐头。

21. 青岛莱因哈特 & 罗珀公司，地上、地下建筑，市内木饰和家具，自有木材加工厂。

22. 礼和洋行，代理银行、客轮、火险、灾难险、寿险等。

23. 青岛弗朗茨·科萨维尔·毛尔勒公司，认证建筑师，建筑师事务所。

24. 蒂德李希森 & 叶步森公司，基尔、上海、青岛、芝罘，大量供应建筑材料。

25. 西姆森公司，船运代理、火险、海险、运输险、寿险和事故险代理。

26. 青岛瑞记洋行，代理汇丰银行等公司。

27. 汉堡—青岛艾伯哈特·波尔维克公司，进出口中欧产品，也经营代理业务。

28. 安特卫普—青岛工贸公司，进出口业务，代理保险业务。

29. 青岛 J. 贝尔曼公司，铸铁、机械维修，专长修船。建筑业务、砖厂。

30. 青岛 J. 李夏特公司，运输及仓储，租赁青岛及周边郊游车辆。

31. 青岛卡尔·皮卡特公司，海因里希亲王大街（今广西路），承担各类粉刷和玻璃业务，承担送货、运输等服务。

32. 《德亚瞭望》编辑部，位于弗里德里希大街（今中山路南段），德国在华租借地周报，为同类报纸中的第一家。

33. 福昌书局，位于弗里德里希大街（今中山路南段），制作各类印刷品，装订图书以及制作橡皮图章。大量供应各类纸张。

34. 青岛橡树饭店，中文名大丰饭店，位于蒂尔皮茨大街（今莒县路），位于市中心，房间高大通风，供电照明，餐饮俱佳。

35. 亨宝船运公司，经营各条海上和内河航线。

36. 青岛德国女童寄宿学校，由方济各会、传教会以及玛丽会开办于 1902 年 4 月 1 日。

37. 青岛卡普勒父子砖厂，生产各种砖瓦。

38. 胶澳莱希特有限责任公司，位于老青岛，承担船舶卸货以及商品运输、存储等业务。

39. 孙昌男士裁缝，位于弗里德里希大街（今中山路南段），制作各种男士衣物。

40. 高桥写真馆，位于大鲍岛胶州街（今胶州路），照相以及水彩绘制业务。

41. 青岛卡尔·施密特公司，位于海因里希亲王大街（今广西路）与阿尔伯特大街（今安徽路）拐角，制作家具等业务。

42. 勋昌公司，位于大鲍岛北京街（今北京路），大量供应木材。

43. 廉价杰克父子公司，位于上海和青岛，船运以及皇家海军和总督府供货商，葡萄酒、雪茄、银饰、灯具、铁制品以及各种船用商品。

44. 德升恭公司，位于大鲍岛北京街（今北京路），运输业务。

45. 合兴记，位于大鲍岛山东街（今中山路北段），家具以及家用品，租赁自行车，供应自行车配件以及修理业务。

46. 德国拜耳公司，供应照片洗印药水，本书中的照片大部分是用该药水洗印。供应相纸。

47. 沃尔芬布特尔的海克纳出版社，推荐合适的出版社用品。

48. 青岛海因里希亲王饭店，青岛第一家饭店，位置优越，饭店内有电灯和电话，每周两次音乐会。

49. 顺和洋行，进口业务，为海军供货，特营为船舶提供新鲜以及保鲜食品、各种酒类、烟草以及家用物品等。

Bücher-
Export

Zeitschriften-
Export

Gegründet 1862

Musikalien-
Export

Conrad Behre

Hamburg

bringt seine im **Osten** wohlbekannte

Spezial-Buchhandlung für
Überseeischen Bedarf

in empfehlende Erinnerung

Kataloge, Preislisten, Spezialofferten, sowie literarische Auskünfte schnellstens gratis und franko

Sorgfältigste Verpackung

Prompte und billigste Besorgung jeglicher Gegenstände für den Privatbedarf.

汉堡康拉德·贝尔公司广告

Rote Kreuz-✚-Apotheke

und Drogerie.

Inhaber: Apotheker Adalbert Larz

Tsingtau, Ecke Prinz Heinrich- und Albertstrasse.

Telephon Nr. 47.

Sämtliche Artikel zur
PHOTOGRAPHIE.

Spezialität:
Photograph. Lösungen.

Grosses Lager in
Apparaten
Platten
und photographischen
Papieren.

Engros-Lager
für
Berufs-Photographen
in allen
Chemikalien etc.

Ausgewähltes Lager
in
Toiletteartikeln
und Parfümerien nur erster
Firmen Deutschlands.

Vorzügl. eigene Spezialitäten
zur
Haar-, Haut-, Zahn- und Mundpflege.

Sämtliche
Artikel zur Kinder- u. Krankenpflege.

Alle gangbaren
Kräuter, Gewürze etc.
für die Küche.

Photochemisches, chemisch-analytisches und mikroskopisches Laboratorium.

青岛福寿药房广告

Schantung-Eisenbahn-Gesellschaft

General-Direktion Berlin W., Behrenstrasse 14/16.

Aktien-Kapital: **54 Millionen R.-Mk.**

Die 400 km. lange Hauptstrecke verbindet Tsingtau mit Tsinanfu und eröffnet in Verbindung mit der Poschantalbahn das fruchtbare und industriereiche Hinterland der Kolonie dem deutschen Handel. Die Bahn bietet dem Reisenden Gelegenheit, einen Blick in das im allgemeinen unbekannte Inland Chinas zu tun und Plätze von großem Interesse, wie die Kohlenfelder bei Weihsien, die Mandschurenstadt bei Tsingtschoufu, das landschaftlich herrliche Poschantal mit seinen Kohlenfeldern und verschiedenen Industrien zu besuchen und bequem nach dem heiligen Berge Chinas, dem Taischan und dem Mausoleum des Konfuzius in Kü-fu zu gelangen.

山东铁路公司广告

Schantung-Bergbau-Gesellschaft

General-Dir. Berlin W., Behrenstr. 14/16.

Aktienkapital 12 Millionen R.-Mk.

Kohlengruben

im **Weihsien- und Poschan-Gebiet.**

Versorgung von Dampfern mit Kohlen

für Ladung und Bunker

auf kürzeste Benachrichtigung.

Bergbau-Direktion Tsingtau

Kaiser-Wilhelm-Ufer.

Wilh. Könenkamp,

Bremen.

Import ostasiatischer Seidenwaren:

Japan-Pougees
China-Pougees
Schantung-Tussors
Japan- und China-Tücher.

MAX DORN,

HAMBURG,

etabliert 1886,

empfiehlt sich zum Einkauf von Maschinen und maschinellen Anlagen aller Art, sowie von allen für China gangbaren Artikeln, ist seit ca. 25 Jahren im China-Geschäft erfahren, hat prima Referenzen und für gute Projekte jeden Umfanges erste Bank-Verbindungen.

Für serieuse Anfragen, mit detaillierten Unterlagen und Referenzen-Angabe begleitet, stehen Kostenanschläge und bemusterte Offerten, wo dies angebracht, jederzeit zu Diensten.

SPEZIAL-GESCHÄFT

für

EXPORT nach CHINA.

山东矿业公司、不莱梅威廉·科恩坎普公司和
汉堡马克斯·多恩公司广告

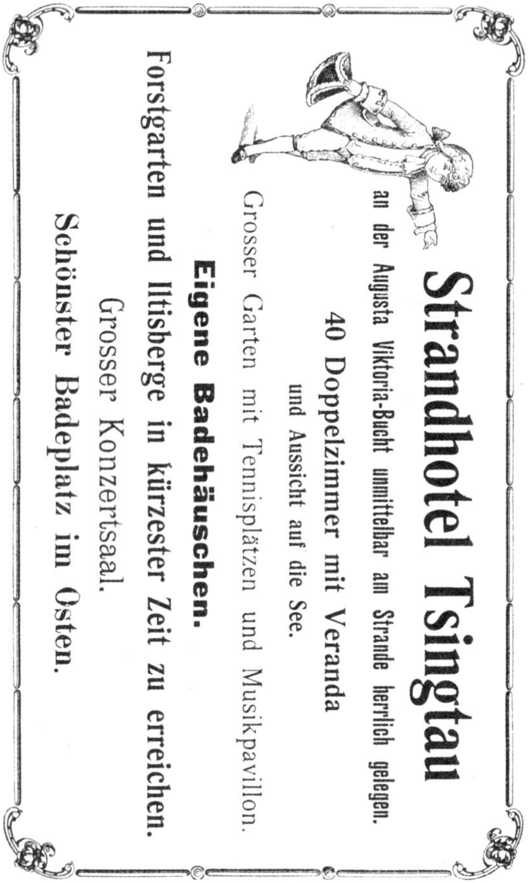
Strandhotel Tsingtau
an der Augusta Viktoria-Bucht unmittelbar am Strande herrlich gelegen.
40 Doppelzimmer mit Veranda
und Aussicht auf die See.
Grosser Garten mit Tennisplätzen und Musikpavillon.
Eigene Badehäuschen.
Forstgarten und Iltisberge in kürzester Zeit zu erreichen.
Grosser Konzertsaal.
Schönster Badeplatz im Osten.

青岛沙滩饭店广告

Germania-Brauerei

Akt.-Ges., Tsingtau.

Nach neuesten Erfahrungen modernst eingerichtete Brauerei, bringt voraussichtlich im Oktober dieses Jahres ihre aus

feinsten
deutschen Hopfen und Malz

bereiteten Biere zum Verkauf.

Feinste

helle Biere

nach **Pilsener** und

dunkle Biere

nach **Münchener** Art,
ohne jegliche Zutaten, nur aus Hopfen und Malz analog dem **„deutschen Braugesetz"** hergestellt.

Generalvertreter:
Slevogt & Co., Schanghai
Sietas, Plambeck & Co., Tsingtau
H. Sietas & Co, Chefoo
Sietas, Block & Co., Port Arthur.

日耳曼尼亚啤酒厂广告

克利本多夫饭店和火车站饭店广告

Hatzutaro Fujii

K. Menju Nachfolger

Hohenzollernstraße, Tsingtau

Photographisches Atelier

mit den neuesten und besten Einrichtungen und Apparaten

Über 600 verschiedene Ansichten von Tsingtau und vielen Plätzen des Hinterlandes

Große Auswahl in Ansichtspostkarten vorzüglicher Ausführung

oooo

Besuch erbeten

藤井照相馆广告

广包公司广告

Sietas, Plambeck & Co.

Tsingtau

Lieferanten S. M. Schiffe und der
Kaiserl. Verwaltung in Tsingtau

Glas-, Porzellan- u. Luxuswaren

Konserven, Weine, Spirituosen,
Tabak, Zigarren und Zigaretten

Sämtliche Manufakturwaren

Deutsche Schuhwaren

Eisen- und Kurzwaren

Badeartikel,
Sportartikel,
Geschenkartikel.

哈唎洋行广告

立中洋行广告

嘉卑世行广告

兴泰号广告

相宜洋行广告

E. Wagner, Tsingtau

Wäschemagazin Modemagazin

Einziges Spezial-
geschäft am Platze

Stets Neuheiten in

Hüten
Handschuhen
Kleiderstoffen
fertigen Anzügen

Kravatten
Trikotagen
Kurzwaren
Putzartikel

Schuhwaren
für Damen, Herren, Kinder

Parfümerien
Toiletteartikel
Bijouteriewaren
Dekorationsgegenstände
Portieren, Gardinen, Stores
Tischdecken
Divandecken, fertige Bettwäsche

E. Wagner

Wäschemagazin Modemagazin

瓦格纳时装店广告

Max Haasenritter,

Tsingtau,

Prinz Heinrichstrasse. Telephon Nr. 79.

Import von

Wein, Bier, Likören.

Grosse Auswahl in

Zigarren, Zigaretten, Tabak,
Rauchutensilien, Ansichtspostkarten,
Konserven.

Hoch- u. Tiefbau-Geschäft

Bau- und
Möbeltischlerei

Reinhard & Röper

Tsingtau * Telephon Nr. 3

Dampfsägewerk

Holzbearbeitungsfabrik.

马克斯·哈森利特公司和莱因哈特 & 罗珀公司广告

礼和洋行广告

弗朗茨・科萨维尔・毛尔勒建筑公司广告

Diederichsen, Jebsen & Co.

Kiel • Shanghai • Tsingtau • Chefoo

Reichhaltiges Lager in allen Baumaterialien wie:

Ia. deutschen Portland-Zement

Eiserne T Träger, Winkeleisen

U Eisen in allen Profilen

Wellblech, Drahtstifte, Stacheldraht,

Zinkblech, Mettlacher Fliesen, Dachpappe

Asphalt-Isolierplatten u. Isoliergoudron

Carbolineum, Dynamit, Sprengpulver

Maschinen- und Zylinderöle, Schmierfett

Schiffsbodenfarbe Marke Hansa etc. etc.

Dampfziegelei

Vertreter folgender Firmen:

Rhederei M. Jebsen, Apenrade
Norddeutscher Lloyd
Canadian Pacific Steamship Line
Österreichischer Lloyd
Deutscher Rhederei-Verein
Nordd. Versich. Gesellschaft
Germanischer Lloyd
Verein Hamburger Assecuradeure
Verein Bremer Seevers.-Gesellschaften
Deutsche Transport Vers.-Gesellschaft
Deutsche Rück-u.Mitvers. Gesellschaft
Max Jebsen, Hamburg
H. Diederichsen, Kiel und Hamburg
Jebsen & Co., Hongkong
Oberrhein. Vers.-Ges. in Mannheim
Bürbacher Hütte b. Saarbrücken

Rheinisch. Westf. Kohlen-Syndikat Essen a. d. Ruhr
Orenstein & Koppel, Berlin
Vacuum Oel Co., Hamburg
Frankfurter Transport, Unfall und Glas Vers.-Ges.
Allianz Vers. Akt.-Ges. Berlin
Allgemeine Vers. Ges. für See-, Fluß- und Landtransport
Kölner Dynamitfabrik Küppersteg
Verein deutsch. Drahtstiftfabrikanten
Eisenwerk Barbarossa A.-G. (Spezialität: Öfen)
Farbenfabrik „Hansa,“ Kiel
Badische Anilin und Sodafabrik, Ludwigshafen
Portland Zementfabrik, Hemmoor

蒂德李希森 & 叶步森公司广告

西姆森公司广告

Arnhold, Karberg & Co.

Tsingtau

Vertreter

für folgende Firmen:

Hongkong & Shanghai Banking Corporation
Peninsular and Oriental Steam Navigation Co.
Arthur Koppel, Berlin, Schmalspurbahnen
Allgemeine Elektrizitäts-Gesellschaft, Berlin
Feuer- und See-Versicherungs-Gesellschaften
Aachener u. Münchener Feuer-Vers.-Ges. Aachen
The Royal Insurance Company
The China Fire Insurance Company, Limited
Souht British Fire and Marine Insurance Co.
Allgemeine Versicherungs-Gesellschaft für See-, Fluss- und Land-Transport in Dresden
Lebensversicherungs Gesellschaft New York Life Insurance Company
Unfallversicherungs-Gesellschaft
Ocean Accident and Guarantee Corporation Limited

瑞记洋行广告

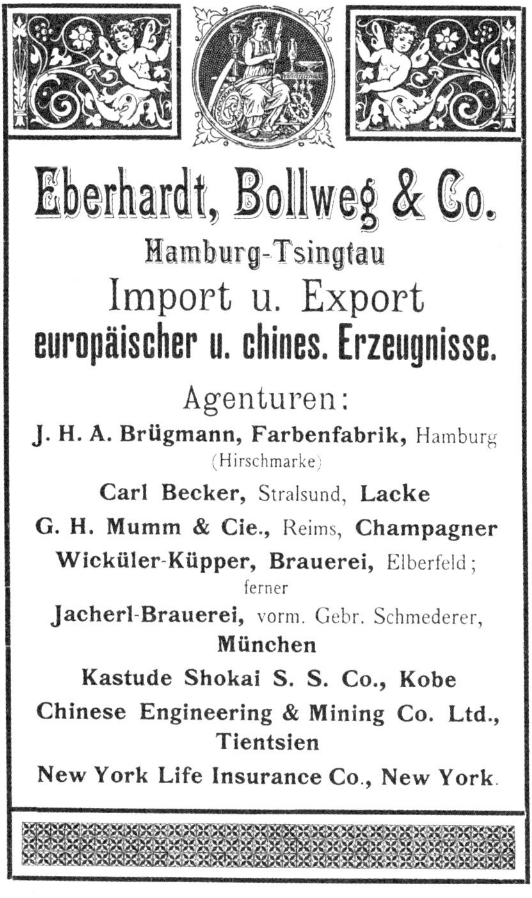

艾伯哈特·波尔维克公司广告

Tsingtauer Industrie- und Handels-Gesellschaft

Antwerpen-Tsingtau.

Import und Export.

Agenturen:

Feuer-Versicherung:
Commercial Union Assurance Company, London.

See-Versicherung:
Mannheimer Versicherung-Ges. Mannheim.

Lebens- u. Unfall-Versicherung:
Commercial Union Assurance Company, London.

Diverse:
Export und Import Company, Antwerpen.
Anheuser Busch Brewing Association.
Burgeff & Go., Hochheim.
J. D. Dominicus Söhne, Remscheid.
Dörr & Reinhardt, Worms a. Rhein.
Adlerfahrradwerke vorm. H. Kleyer, Frankfurt a.M.
Maatschappy tot Exploitatie van de Victoria Bron te Oberlahnstein.

安特卫普—青岛工贸公司广告

J. Beermann

Tsingtau.

Eisengießerei
Maschinenbau- u. Reparaturwerkstatt
Kupferschmiede
Spezialität: Schiffsreparaturen.

Baugeschäft
Bau- und Möbeltischlerei
mit Dampfbetrieb.

Ziegelei
Anfertigung von Dachziegeln, Fliesen,
Verblendern etc.

青岛 J. 贝尔曼公司广告

青岛 J. 李夏特运输公司和卡尔·皮卡特公司广告

Die

Deutsch-Asiatische Warte

Herausgeber und verantwortlicher Redakteur: **Victor Roehr.**

Wochenblatt des Deutschen Schutz-Gebiets in China

und die erste und einzige Zeitung in demselben.

Unabhängig nach allen Seiten, vornehm im Ton und sachlich im Inhalt, liefert sie

ein getreues Bild
der Entwickelung des Kiautschou-Gebiets

und seines Hinterlands und wird dadurch zu einer wertvollen Quelle der Information für Jeden, der an den Fortschritten dieser zukunftreichsten aller deutschen Kolonien Interesse nimmt.

Sie unterrichtet ihre Leser über

alle wichtigen Vorgänge in Ostasien

auf Grund von Original-Korrespondenzen aus allen Hauptplätzen und bringt ferner in reichster Abwechslung

wertvolle Übersetzungen
aus der Literatur von China, Korea und Japan,

sowie mannigfache Original-Schilderungen der eigenartigen Sitten und Gebräuche dieser Länder. Die

Deutsch-Asiatische Warte

hat von allen deutschen Zeitungen des Ostens die größte Auflage und ist daher als **Insertionsorgan** aufs beste zu empfehlen.

Expedition: Tsingtau, Friedrichstrasse.

《德亚瞭望》杂志广告

福昌书局广告

Restaurant zur Eiche

Inh.: **Paul Müller**

Tsingtau

Tirpitzstrasse

Chinesischer Name:

Da fong fan dien

Telephon 41

Altdeutsches Restaurant

in der Mitte der Stadt Tsingtau gelegen

Hohe luftige Räume ⊗ **elektrische Beleuchtung**

Gute Speisen und Getränke

Mittagstisch u. Abendtisch im Abonnement

Billard- und Klubzimmer

Fremdenzimmer mit gemütlicher Ausstattung
und schöner Aussicht auf See und Gebirge

Volle Pension mit Logis 90—110 Dollar.

橡树饭店广告

HAMBURG-HAM

Hamburg—East Asia Line.

OUTWARD:
Regular Freight Service from
HAMBURG and/or BREMEN, EMDEN, ROTTERDAM, ANTWERP,
to
PENANG, SINGAPORE, HONGKONK, SHANGHAI, YOKOHAMA, KOBE, and to MANILA and TSINGTAU.

HOMEWARD:
Regular Fortnightly Freight Service from
YOKOHAMA, KOBE, SHANGHAI, HONGKONG, SINGAPORE (calling at PENANG or COLOMBO)
to
HAVRE and HAMBURG.

New York—East Asia Line.

Regular Freight Service between
NEW YORK and PENANG, SINGAPORE, MANILA, HONGKONG, SHANGHAI, YOKOHAMA and KOBE,
For further particulars apply to
HAMBURG-AMERIKA LINIE, HONGKONG, OFFICE, and
HAMBURG-AMERIKA LINIE, TSINGTAU.
Or to the Agents: Messrs C. Illies & Co., Yokohama and Kobe.
„ Carlowitz & Co., Shanghai (Homeward).
„ Siemssen & Co., Shanghai (Outward).
„ Behn, Meyer & Co., Singapore, Penang & Manila.
„ Volkart Bros., Colombo.

Hongkong—Vladivostock Line.

Regular monthly Service between
HONGKONG, NAGASAKI and VLADIVOSTOCK, calling at KOBE or CHEFOO by the First Class Freight and Passenger Steamer „*SAVOIA*.“
For further particulars apply to
HAMBURG-AMERIKA LINIE, HONGKONG, OFFICE.
Or to the Agents: Messrs. Kunst & Albers, Nagasaki and Vladivostock.
„ C. Illies & Co., Kobe.
„ Diederichsen, Jebsen & Co., Chefoo.

Hongkong—Port Arthur Line.

Regular monthly Service between
HONGKONC, SHANGHAI, DALNY, PORT ARTHUR and NEWCHWANG by the First Class Steamer „*SÜLLBERG*.“
For further particulars apply to
HAMBURG-AMERIKA LINIE, HONGKONG OFFICE.
Or to the Agents: Messrs. Kunst & Albers, Dalny and Port Arthur.
„ Siemssen & Co., Shanghai.
„ Bandinel & Co., Newchwang.

亨宝船运

AMERIKA LINIE
BURG.

Canton, Hongkong—Shanghai Line.

Regular Weekly Service by the well known Freight and Passenger steamers „*LOONGMOON*“ and „*LYEEMOON*.“
Agents in Hongkong, Canton and Shanghai: Messrs Siemssen & Co.

Wuhu—Canton Line.

Regular Service between
WUHU, CHINKIANG, HONGKONG and CANTON by the well known Freight and Passenger steamer „*KOWLOON*.“
Agents in Shanghai, Hongkong and Canton: Messrs. Siemssen & Co.

Shanghai—Tsingtau Line—Imperial German Mail Service

Regular Weekly Service by the First Class Passenger and Freight Steamer „*GOUVERNEUR JAESCHKE*,“
Leaving SHANGHAI every WEDNESDAY morning.
TSINGTAU every SATURDAY evening.
For further particulars apply to
HAMBURG-AMERIKA LINIE, TSINGTAU.
Or to the Agents in Shanghai: Messrs. Melchers & Co.

Shanghai, Tongku—Tientsin Line—Imperial German Mail Service.

Regular Weekly Service between
SHANGHAI, TSINGTAU, CHEFOO and TONGKU (TIENTSIN) by the First Class Freight and Passenger Steamers „*TSINGTAU*,“ „*KNIVSBERG*,“ and „*VORWAERTS*.“
For further particulars apply to
HAMBURG-AMERIKA LINIE, TSINGTAU.

Or to the Agents in Shanghai: Messrs. Melchers & Co.
„ Chefoo: „ Diederichsen, Jebsen & Co.
„ Tientsin: „ Carlowitz & Co.

Yangtsze Line.

Regular Service between
SHANGHAI and HANKOW, calling at TUNGCHOW, KIANGYIN, TAISINCHOW, CHINGKIANG, ECHING, NANKING, WUHU, TATUNG, NGANKING, KIUKIANG, WUSUEH, WONGSHEKONG and WHANGCHOW by the First Class Freight and Passenger steamers „*SUITAI*“ and „*SUIAN*.“

For further Particulars apply to
Messrs. Arnhold, Karberg & Co., at Shanghai, Hankow and other Yangtsze Ports.

公司广告

Deutsches Mädchenpensionat
in Tsingtau

eröffnet am 1. April 1902 von den Franziskanerinnen Missionarinnen Mariens.

Unterricht

im **Deutchen, Englischen, Französischen, Musik, Malen, Skulptur, Sticken,** sowie in allen Arten weiblicher Handarbeit.

Der Unterricht im Englischen und Französischen wird von geborenen Engländerinnen und Französinnen erteilt.

Gesunde, schöne Lage, luftige Räume.

Voller Pensionspreis Dollar 35,— monatlich.

Prospekte werden auf Wunsch gratis zugesandt.

Wegen näherer Auskunft wende man sich an die Vorsteherin des Heiligen Geist-Klosters **Tsingtau.**

Stets vorrätig

eine geschmackvolle Auswahl an

Seidenstickereien u. Gras-cloth-Arbeiten: Tee- und Tischgedecke, Tischläufer, Servietten, Spitzen, Gras-cloth, Zwischensätze für Kleider etc.

Bestellungen werden entgegengenommen.

Heiliges Geist-Kloster,
Kathol. Mission.

青岛德国女童寄宿学校广告

青岛卡普勒父子砖厂广告

胶澳莱希特有限公司广告

孙昌裁缝店、高桥写真馆、青岛卡尔·施密特家具店和青岛勋昌木材公司广告

廉价杰克父子公司、

德升恭运输公司和合兴记家具店广告

Die Aufnahmen für die in diesem Führer enthaltenen Abbildungen sind größtenteils mit **Edinol** entwickelt

Edinol, ein schleierfrei und weich arbeitender Rapidentwickler

Edinol in Substanz

Edinol in Patronen

Konz. **Edinol**-Entwickler

Konz. **Edinol**-Aristo- (Hydrochinon-) Entw.

Konz. **Edinol**-Spezialentwickler } für Entwicklungspapiere

Edinol-Spezial-Patronen } für Entwicklungspapiere

Acetonsulfit-Bayer

Fixiersalz-Bayer

Rollack-Bayer

Klebstoff-Bayer

Blitzlicht-Bayer

Verstärker-Bayer

Fixiersalzzerstörer-Bayer

Goldtonfixiersalz-Bayer

Photographische Papiere

德国拜耳公司广告

海克纳出版社和汉堡马克斯·多恩公司广告

DEUTSCHES SCHUTZGEBIET KIAUTSCHOU

Höhen & Tiefen in Metern

Maßstab 1:200000

Geogr.-lith. Anst. u. Steindr. v. C. L. Keller, Berlin S.

Hotel Prinz Heinrich, Tsingtau

Erstes Hotel, herrliche Lage

Prachtvolle Spaziergänge, wundervolle mit Unterholz bewaldete Höhenzüge

Dieses herrliche, unmittelbar am Meere gelegene, mit allem Komfort der Neuzeit anerkannt ausgezeichnete Hotel bietet beste Verpflegung für Erholungsbedürftige und Leidende. **Lawn Tennis beim Hause. Vierzig elegant ausgestattete Wohnräume**, jedes mit Badezimmer und Balkon. Vornehme Verkehrsräume, Damen-Klub- und Lesezimmer.

Elektrisches Licht,
sowie Telephon im Hotel
2 mal wöchentlich
KONZERT
am Badestrand,
sowie
alle Sonnabend
Konzert im Hotel,
ausgeführt von der
hiesigen Kapelle
des Seebataillons.
Mäßige Bedingung.
Telegr.-Adresse:
Prinzhotel, Tsingtau

海因里希亲王饭店广告

顺和洋行

HAMBURG-
HAM

Hamburg—East Asia Line.

OUTWARD:
Regular Freight Service from
HAMBURG and/or BREMEN, EMDEN, ROTTERDAM, ANTWERP,
to
PENANG, SINGAPORE, HONGKONK, SHANGHAI, YOKOHAMA, KOBE, and to MANILA and TSINGTAU.

HOMEWARD:
Regular Fortnightly Freight Service from
YOKOHAMA, KOBE, SHANGHAI, HONGKONG, SINGAPORE (calling at PENANG or COLOMBO)
to
HAVRE and HAMBURG.

New York—East Asia Line.

Regular Freight Service between
NEW YORK and PENANG, SINGAPORE, MANILA, HONGKONG, SHANGHAI, YOKOHAMA and KOBE,
For further particulars apply to
HAMBURG-AMERIKA LINIE, HONGKONG, OFFICE, and
HAMBURG-AMERIKA LINIE, TSINGTAU.
Or to the Agents: Messrs C. Illies & Co., Yokohama and Kobe.
„ Carlowitz & Co., Shanghai (Homeward).
„ Siemssen & Co., Shanghai (Outward).
„ Behn, Meyer & Co., Singapore, Penang & Manila.
„ Volkart Bros., Colombo.

Hongkong—Vladivostock Line.

Regular monthly Service between
HONGKONG, NAGASAKI and VLADIVOSTOCK, calling at KOBE or CHEFOO by the First Class Freight and Passenger Steamer *„SAVOIA."*
For further particulars apply to
HAMBURG-AMERIKA LINIE, HONGKONG, OFFICE.
Or to the Agents: Messrs. Kunst & Albers, Nagasaki and Vladivostock.
„ C. Illies & Co., Kobe.
„ Diederichsen, Jebsen & Co., Chefoo.

Hongkong—Port Arthur Line.

Regular monthly Service between
HONGKONG, SHANGHAI, DALNY, PORT ARTHUR and NEW-CHWANG by the First Class Steamer *„SÜLLBERG."*
For further particulars apply to
HAMBURG-AMERIKA LINIE, HONGKONG OFFICE.
Or to the Agents: Messrs. Kunst & Albers, Dalny and Port Arthur.
„ Siemssen & Co., Shanghai.
„ Bandinel & Co., Newchwang.

AMERIKA LINIE
BURG.

Canton, Hongkong—Shanghai Line.

Regular Weekly Service by the well known Freight and Passenger steamers
„*LOONGMOON*“ and „*LYEEMOON*.“
Agents in Hongkong, Canton and Shanghai: Messrs Siemssen & Co.

Wuhu—Canton Line.

Regular Service between
WUHU, CHINKIANG, HONGKONG and CANTON by the well known Freight and Passenger steamer „*KOWLOON*.“
Agents in Shanghai, Hongkong and Canton: Messrs. Siemssen & Co.

Shanghai—Tsingtau Line—Imperial German Mail Service

Regular Weekly Service by the First Class Passenger and Freight Steamer
„*GOUVERNEUR JAESCHKE*,“
Leaving SHANGHAI every WEDNESDAY morning.
TSINGTAU every SATURDAY evening.
For further particulars apply to
HAMBURG-AMERIKA LINIE, TSINGTAU.
Or to the Agents in Shanghai: Messrs. Melchers & Co.

Shanghai, Tongku—Tientsin Line—Imperial German Mail Service.

Regular Weekly Service between
SHANGHAI, TSINGTAU, CHEFOO and TONGKU (TIENTSIN) by the First Class Freight and Passenger Steamers „*TSINGTAU*,“ „*KNIVSBERG*,“ and „*VORWAERTS*.“
For further particulars apply to
HAMBURG-AMERIKA LINIE, TSINGTAU.
Or to the Agents in Shanghai: Messrs. Melchers & Co.
„ Chefoo: „ Diederichsen, Jebsen & Co.
„ Tientsin: „ Carlowitz & Co.

Yangtsze Line.

Regular Service between
SHANGHAI and HANKOW, calling at TUNGCHOW, KIANGYIN, TAISINCHOW, CHINGKIANG, ECHING, NANKING, WUHU, TATUNG, NGANKING, KIUKIANG, WUSUEH, WONGSHEKONG and WHANGCHOW by the First Class Freight and Passenger steamers „*SUITAI*“ and „*SUIAN*.“
For further Particulars apply to
Messrs. Arnhold, Karberg & Co., at Shanghai, Hankow and other Yangtsze Ports.

Führer

durch

Tsingtau und Umgebung.

Von

Dr. Fr. Behme und Dr. M. Krieger

in Tsingtau.

Wolfenbüttel 1904.

Druck und Verlag der Hecknerschen Druckerei.

(Inhaber: H. Wessel.)

Inhalt.

Seite

1. Was ist Tsingtau? 5
2. Die Lage Tsingtaus 7
3. Über Sibirien nach Tsingtau 7
4. Über Suez nach Tsingtau 9
5. Über Amerika nach Ostasien 10
6. Was bietet Tsingtau? 10
7. Das Wetter in Tsingtau 12
8. Botanisches 14
9. Geologisches 15
10. Geschichtliches 19
11. Ankunft in Tsingtau, Hotels 22
12. Zum Yamen 27
13. Zum Leuchtturm 38
14. Zum Bahnhof 39
15. Zur Markthalle 41
16. Hohenloheweg—Katholische Mission 43
17. Lazarett und Signalberg 47
18. Zum Badestrande 54
19. Die Iltisberge 58
20. Zum Gouverneurhause 66
21. Zum Bismarckberge 67
22. Zum Moltkeberge und nach Tai tung tschen . . . 69
23. Nach Tapautau und dem kleinen Hafen 70
24. Nach dem großen Hafen 71
25. Nach Syfang 76
26. Nach Ts'ang k'ou 78
27. Nach Li ts'un 79
28. Von Li ts'un nach dem Lauschan 81

		Seite
29.	Von Pei tschiu schui miau nach Ta lau kuan . . .	84
30.	Von Pei tschiu schui miau nach Scha tsy k'ou . .	87
31.	Von Tsingtau nach den Prinz Heinrich Bergen . .	91
32.	Zum Kaiserstuhl	92
33.	Von Tsingtau nach Scha tsy k'ou	93
34.	Nach Nü ku k'ou	95
35.	Nach der Insel Yin tau	95
36.	Halbinsel Hai hsi (Kap Jäschke)	95
37.	Nach Ling schan wei und dem Perlgebirge	96
38.	Nach Tschu tsch'a tau (Inseln)	97
39.	Nach Schui ling schan (Inseln)	99
40.	Nach Tai kung tau (Inseln)	102
41.	Nach Tscha lien tau (Inseln)	102
42.	Nach Tai tsching kung	102
43.	Zum Pai scha ho-Tale	108
44.	Von Tsingtau nach Tscheng yang und Tsimi . . .	114
45.	Von Tsingtau nach Kiautschou	116
46.	Von Tsingtau nach Kau mi	122
47.	Von Tsingtau nach dem Steinkohlenbergwerk Fang tse	124
48.	Von Tsingtau nach Wei hsien	127
49.	Von Tsingtau über Tsching tschou fu nach Tsi nan fu	130
50.	Von Tsingtau nach Po schan	135
51.	Von Tsingtau zum Tai schan	137

1. Was ist Tsingtau?

Es ist wirklich kaum zu glauben, wie wenig bekannt der Name Tsingtau ist, besonders in Deutschland. Jedermann kennt das Wort Kiautschou und glaubt, damit den Sitz der deutschen Schutzgebietsverwaltung in China bezeichnen zu können. Ein großer Irrtum! Kiautschou ist eine Stadt im chinesischen Gebiete, nordwestlich von dem deutschen Schutzgebiete. Nach dieser nicht zum Schutzgebiete gehörigen Stadt oder besser gesagt, nach der auf den alten Seekarten so bezeichneten Kiautschou-Bucht ist das deutsche Kiautschougebiet benannt. Kiau (im Schantung-Dialekt Gjo) heißt Leim, es ist der Name eines Flusses, und war der Name eines Volksstammes, der bereits 600 Jahre vor Christus genannt wird; tschou bedeutet Distrikt. Die Hauptstadt, die einzige Stadt und der einzige europäische Wohnplatz in unserem Schutzgebiete ist **Tsingtau**, „die grüne Insel".

Die Arkona-Insel („Tsingtau“).

2. Die Lage Tsingtaus.

Tsingtau liegt auf ca. 36° nördlicher Breite, annähernd gleich mit den südlichen Azoren, Gibraltar, Malta und andererseits mit Tokio in Japan und San Francisko im westlichen Amerika. Es liegt am gelben Meere und ist dank seiner guten Schiffsverbindungen von den ostasiatischen, koreanischen und japanischen Küstenplätzen leicht und schnell zu erreichen, da es gewissermaßen den Mittelpunkt zwischen Tientsin, Schanghai, Nagasaki und Tschemulpo bildet. Mit Tientsin, Tschifu und Schanghai hat Tsingtau durch die Schiffe der Hamburg-Amerika-Linie alle 4 bis 6 Tage Verbindung, außerdem wöchentlich mit Schanghai durch den Dampfer „Gouverneur Jäschke". Die Fahrzeit von Tsingtau nach Schanghai beträgt ca. 36 Stunden, von Tsingtau nach Tschifu ca. 22 Stunden, von Tschifu nach Tientsin ebensolange. Ferner ist regelmäßige Verbindung mit Japan, Niutschwang und Tschemulpo auf japanischen Dampfern, z. B. denen der Osaka Shosen Kaisha; dazu kommen eine Reihe deutscher und fremder Handelsschiffe, die gelegentlich in Tsingtau anlegen.

3. Uber Sibirien nach Tsingtau.

Von Berlin über Bromberg, Alexandrowo und Warschau nach Moskau (1932 km) in 2 Tagen; von Moskau nach Dalny (zur Zeit Luxuszüge mit

Schlafwagen bis Irkutsk fünfmal wöchentlich und auf der Transbaikalbahn und der chinesischen Ostbahn zweimal wöchentlich), Entfernung 8077 Werft = 8619 km in 13 Tagen. Von Dalny nach Tschifu 9 Stunden, von Tschifu nach Tsingtau 22 Stunden, beides per Dampfer.

Fahrpreise (veränderlich).

Petersburg-Dalny.

Luxuszug: I. Cl. 289 Rbl. 85 Kop.
II. Cl. 183 „ 55 „
Gepäck für 10 russische Pfund 2 Rbl. 73 Kop.
Personenzug: I. Cl. 173 Rbl.
II. Cl. 105 „ 60 Kop.
Gepäck 2 Rbl. 72 Kop. für 10 russische Pfund.

Moskau-Dalny.

Luxuszug: I. Cl. 269 Rbl. 65 Kop.
II. Cl. 176 „ 35 „
Gepäck 2 Rbl. 61 Kop. für 10 russische Pfund.
Personenzug: I. Cl. 165 Rbl.
II. Cl. 100 Rbl. 80 Kop.
Gepäck 2 Rbl. 60 Kop. für 10 russische Pfund.

Dalny-Tschifu.

Für Europäer mit Verpflegung: ca. 7—8 Doll.
Für Chinesen: 1 „

Tschifu-Tsingtau.

I. Kl. 25 Doll., II. Kl. 15 Doll., III. Kl. 12 Doll.
Rückfahrkarten: 37,50 bezw. 22,50 bezw. 18 Doll.

Die Reise um die Welt über Sibirien dauert jetzt mit Aufenthalt bei günstigsten Anschlüssen 47 Tage, und wenn man den Aufenthalt abrechnet, 43 Tage. Es sind 33 163 km, von denen 18 289 km auf die Eisenbahn und 14 874 km auf den Wasserweg entfallen.

4. Über Suez nach Tsingtau.

Bisher hat die Mehrzahl der Reisenden den Wasserweg nach Ostasien bevorzugt; er bietet mehr Bequemlichkeit als die Eisenbahn und berührt interessante Punkte, zu deren Besichtigung aber meist nur wenige Stunden zur Verfügung stehen, falls nicht — was sehr zu empfehlen ist, — auf einer Zwischenstation, z. B. Colombo, die Fahrt bis zum Abgange des nächsten Dampfers (ca. 2 Wochen) unterbrochen wird. Für den Wasserweg ist der im Verlage von Leo Woerl in Leipzig im Jahre 1901 erschienene (etwas veraltete) „Führer nach Ostasien“ mit 25 Abbildungen und 3 Karten (Preis 50 Pfg.) zu empfehlen. Empfehlenswert sind die Dampfer der deutschen Reichspostdampfer-Linien, die von Bremen und Hamburg über Antwerpen bezw. Rotterdam, Southampton, Genua, Neapel, Port Said, Suez, Aden, Colombo, Penang, Singapore, Hongkong nach Schanghai fahren. Von hier gelangt man — oft nach mehrtägigem Aufenthalte — in ca. 36 Stunden auf kleineren Dampfern

nach Tsingtau. Die gesamte Reise dauert etwa 5 Wochen, wenn man sich in Genua einschifft. Die Fahrpreise betragen einschließlich Verpflegung von Hamburg oder Bremen nach Schanghai I. Cl. 1500 Mk., II. Cl. 860 Mk., III. Cl. 490 Mk., von Genua nach Schanghai 1400 bezw. 760 bezw. 460 M. Rückfahrkarten mit ermäßigten Preisen giltig für 12 Monate. Wer außer Tsingtau später auch Japan besuchen will, nimmt am besten eine Fahrkarte nach Japan und unterbricht die Fahrt in Schanghai. Fahrpreise Schanghai-Tsingtau: I. Cl. 35 Doll., II. Cl. 25 Doll., III. Cl. 14 Doll.; Rückfahrkarten: 55 bezw. 37,50 bezw. 21 Doll.

5. Über Amerika nach Ostasien.

Von Hamburg oder Bremen nach New York ca. 6 Tage, von New York nach Vancouver oder San Francisko ca. 5 Tage, von da nach Schanghai ca. 20 Tage.

Näheres in Woerls Führer nach Ostasien.

6. Was bietet Tsingtau?

Hochgebirge, Wald und Meer. Wo hätten wir das in Deutschland zusammen? Wenn wir uns in der Heimat erholen wollen, dann fragen wir uns: wohin sollen wir dieses Mal gehen? Ins Gebirge oder an die See? Hier in Tsingtau haben wir

beides zusammen. Auch weiter Wald ist da, nur noch recht jung, wie ja auch die deutsche Besitzung. Aber das sind noch nicht alle Vorzüge Tsingtaus. Hier ist im Frühling und im Herbst ein herrliches Klima, weder zu warm, noch zu kalt, fast immer blauer Himmel; Licht und Luft wie in Italien oder Spanien. (Nur in der Regenzeit des Hochsommers und im Winter ist das Klima nicht ganz so angenehm, wie in Deutschland.) Die von Tsingtau ausgehende Eisenbahn führt durch eine früher fast unbekannte Provinz mit vieltausendjähriger Geschichte und Kultur, mit den interessantesten Altertümern und mit reichen Bodenschätzen; das Dorado für Forscher, Sammler, Globetrotter, Schriftsteller, Maler, Amateurphotographen und wer weiß, wen sonst noch; besonders aber für den Kaufmann und Industriellen. Dabei ist die Bevölkerung des Landes harmlos, gutmütig und entgegenkommend; man reist vollkommen sicher und dabei billig, da die Preise im Innern noch nicht verdorben sind.

Tsingtau selbst ist der gesundeste und sauberste Platz in ganz China. Da es einen vorzüglichen Badestrand hat und auch in der Sommerzeit fast immer eine kühle Seebrise, so wird es mit Vorliebe von Badegästen aufgesucht, und es hat sicher als Badeort eine Zukunft.

7. Das Wetter in Tsingtau.

Die schönste Zeit für einen Aufenthalt in Tsingtau und dem Hinterlande ist von Mitte April bis Mitte Juli und von Mitte September bis Ende Oktober, auch bis in den November hinein. Von Mitte Juli bis Ende August, auch länger, ist Regenzeit, die mit dichten Nebeln zu beginnen pflegt und wöchentlich ein- oder mehrmal sehr heftige Regengüsse bringt; die wechseln mit sonnigen Tagen ab. Während der Regenzeit ist die Feuchtigkeit der Luft so groß, daß Ledersachen und dergl. schimmeln, photographische Platten verderben. Solche Sachen werden von Anfang Juli bis Mitte September am besten eingelötet; Kleider müssen etwa alle 3 Tage an die Sonne gebracht werden, halten sich aber gut; man trägt in der heißen Zeit meist weiße Anzüge. Der Winter ist nur unangenehm durch eisige Nordstürme (von NW — N — NO), die bisweilen in Sandstürme übergehen. Schnee fällt nur selten, im ganzen Winter ist die Erde nur an etwa 3—5 Tagen von Schnee bedeckt. Mehr als 6 mm Schnee hat man noch nicht beobachtet, nur im Gebirge. Es regnet auch fast garnicht im Winter. Im Gegensatz zu den nördlichen Häfen wird der Hafen von Tsingtau vom Eise nicht gesperrt. In der inneren Bucht bildet sich sehr selten eine Eisdecke, diese verhindert aber nie den Verkehr der Dampfer. Auf der Außen-

rhede wird auch der Dschunkenverkehr durch Eis nicht unterbrochen.

Im Frühjahr und Herbst ist unvergleichlich schönes Wetter und fast immer Sonnenschein.

Wetterregeln. Regen tritt meist bei Neumond ein und wenn auf den Spitzen des Lauschan und des Perlgebirges weiße Wolken hängen, sowie nach Windstille. Regen bringen im Frühjahr die SO- und NW-, im Sommer die O- und SO-, im Herbst die NW- und SW-Winde.

Die Temperatur beträgt durchschnittlich im

Januar	— 1⁰	Cels.	Juli	+ 24⁰	Cels.
Februar	+ 1	„	August	+ 25	„
März	+ 5	„	September	+ 21	„
April	+ 10	„	Oktober	+ 16	„
Mai	+ 16	„	November	+ 9	„
Juni	+ 20	„	Dezember	+ 2	„

In Tsingtau betrug die höchste Temperatur (23. VII. 1899) 32,6⁰ C und die tiefste (am 2. Januar 1900) — 11,0⁰ C. Die Regenhöhe betrug in den Beobachtungsjahren (1. X. — 30. IX.): 1898/99 : 334 mm, 1899/1900 : 639 mm, 1900/01 : 415 mm, 1901/02 : 928 mm, 1902/03 : 866 mm. Der überwiegende Teil entfällt auf die Regenzeit; in dieser hat man schon in einer Stunde 28 mm und in 24 Stunden 160 mm beobachtet.

8. Botanisches.

Der Boden unseres Schutzgebietes ist ziemlich unfruchtbar: er besteht fast nur aus aufgelöstem Granite. Im Innern Schantungs ist der Boden erheblich besser und zum großen Teile außerordentlich fruchtbar. Im Schutzgebiete sind von einheimischen Nadelhölzern zu erwähnen: die Kiefer (Pinus Thumbergii), ferner der berühmte Tempelbaum, der Blätter wie Laubholz hat: Salisburia adiantifolia, früher Gingko biloba genannt; seine Früchte werden geröstet und schmecken angenehm. Ferner Thuja gigantea, der Lebensbaum, der hier auf den Grabstätten überall zu finden ist und überraschendes Alter erreicht, schließlich Juniperus virginiana (Wachholder). Von einheimischen Laubhölzern sind hervorzuheben: Zwei Eichen, Quercus serrata (mit kleinen schmalen Blättern) und dentata (mit außerordentlich großen Blättern in der Form der deutschen Eichenblätter). Beide dienen dem Seidenspinner als Nahrung, der die Bastseide liefert. Sodann Ahornarten, Castanea esculenta (vesca), besonders im Lauschan, Ailanthus glandulosa, Sophora japonica, Albiccia chinensis, Catalpa sizyphus, Fraxinus alnus, verschiedene Pappelarten und ein Baum, der in einem Jahre bis 3 m wächst und Blätter von 40 cm Durchmesser hat: Paulownia imperialis. Auch Wein und viele Sorten Getreide sind in Schantung heimisch, ebenso Baumwolle. —

In den letzten Jahren sind die verschiedensten fremden Bäume und Feldfrüchte mit Erfolg im Schutzgebiete angebaut worden. Ganz vorzüglich zur Anlage von schattigen Gärten hat sich die schnellwachsende „Akazie“, Robinia pseudoaccacia, auch auf dem schlechtesten Boden bewährt.

An geschützten Stellen gedeiht vorzüglich der Bambus (dichte Haine bei den Klöstern im Lauschan und im Schüler'schen Garten in Kiautschou) und die Lotosblume (in demselben Garten und in Tsinanfu). Palmen vertragen den Winter nicht. Im Übrigen bietet Schantung für den Botaniker ein überaus reiches und noch wenig durchforschtes Feld. Hervorragend schön, schöner, als in Werder bei Berlin, ist um den 15. April die Obstbaumblüte in den Lauschanthälern, bei Litsun und Tsangkou.

9. Geologisches.

Das ganze Schutzgebiet ist felsig und gebirgig; es besteht fast ausschließlich aus einem glimmerarmen Granit sehr geringen Alters (tertiär?), der von zahlreichen Porphyr- und Dioritgängen durchsetzt ist, mit einem vorherrschenden Streichen von NO nach SW. Gneiß, wahrscheinlich ein umgewandeltes Sediment, tritt mit annähernd gleichem Streichen nur auf der Inselgruppe Tschu tsch'a tau auf und auf der Leuchtturminsel Tscha lien tau

(ältere) Sedimente, wiederum mit gleichem Streichen, nur auf den Inseln Schui ling schan (die geologisch hochinteressant ist) und Tai kung tau sowie auf Kap Ya tau, hier als Hornfels ausgebildet im Kontakte mit dem (jüngeren) Lauschan-Granite, südöstlich von der Linie Tai tsching kung — Tsching schan. Das Einfallen ist vorherrschend nach Südosten gerichtet.

Im übrigen Schantung herrschen cambrische und silurische Schichten vor; eine weite Verbreitung hat das produktive Steinkohlengebirge, das zum großen Teile von permischen Schichten mit eruptiven Decken überlagert wird. Große Gebirgszüge bestehen aus jungen Graniten, ähnlich dem Lauschan. Es finden sich auch Juraschichten und tertiäre Eruptivgesteine, wie Basalt. Schantung enthält wertvolle Mineralschätze, die nur zu einem ganz geringen Teile bekannt sind, nämlich da, wo sie auf der Erdoberfläche liegen. Hervorzuheben sind Steinkohlen und Eisenerz in großen Mengen; ferner Gold, z. B. in Quarz südlich von Ning hai tschou, in Seifen bei Tung cing, Diamanten 15 km südlich von I tschou fu, bis Tan tscheng am linken Ufer des I ho, Bleierz südwestlich von Wei hsien, Glimmer bei Tschou tscheng. Außerdem findet sich Silber, Kupfer, Zinn, Quecksilber, Schwefel, Asbest. Marmor wird bei Lai tschou fu gewonnen.

Besonderes Interesse verdienen die heißen

Yu nui san

Hafen Insel
Handels-Hafe
(im Bau)
Bagger-Rinne
Tapau tau Fels
Hufeisen-Riff
Boots Hafen
Barkass Fels
Boot Insel
Pinnass-Riff
Arkona Br.
TSINGTAU
Tai hsi tschen
Kohlen Pl.
Schlachthaus
Tsingtau-Brücke
Tsingtau Bucht
Yamen Br.
Marine Werkstatt
Arkona I.
Leuchtfeuer
T'uan tau
Yu nui san
Leuchtfeuer
Höhen & Tiefen in Metern
Maßst
1000
500
0
1000
1000
500
0
1000
2000
1
3/4
1/2
1/4
0
1
2
3

50 000

3000 4000 5000 Meter

3000 4000 5000 6000 Schritt

5 6 7 8 9 Chin. Li

Geogr.-lith. Anst. u. Steindr. v. C. L. Keller, Berlin S

Quellen von Schantung, so im Bezirke Teng tschou fu, bei Ai schan t'ang, am Fuße des Ai schan, 60 km von Teng tschou fu, ferner bei Wen schi t'ang 35 km südlich von Teng tschou fu, bei Tschao yüan t'ang, 30 km östlich von Ning hai tschou, bei Hu lui t'ang, 25 km südöstlich von Wen teng hsien, sowie bei I tschou fu.

Sehr eigenartig sind die Flüsse im Schutzgebiete. Sie sind außerordentlich breit und von gelblichem Granitsande erfüllt. Die meisten sind den größten Teil des Jahres trocken; das Wasser fließt unterirdisch im Sande. In der Regenzeit dagegen führen die Flüsse kaum glaubliche Wassermengen, die von den kahlen Bergwänden herunterstürzen und infolge der mangelhaften Pflanzendecke in den Gebirgen nicht aufgehalten werden. Seltsame Formen zeigt der Granitsand in den Ravinen.

Die Schantung Bergbaugesellschaft

ist eine Kolonialgesellschaft mit dem Sitze in Tsingtau und mit 12000000 Mark Kapital, von dem bis 1903 35 pCt. eingefordert waren. Die Gesellschaft hat Grubenfelder in der 30 Li- (15 km) Zone zu beiden Seiten der Schantung-Eisenbahn. Im Betriebe ist das Steinkohlenbergwerk bei Fang tsy unweit Wei hsien. Vorbereitet werden die Anlagen für ein zweites Steinkohlenbergwerk bei Poschan und ein Eisenerzbergwerk bei Tschinlingtschen an

der Eisenbahn Tsingtau-Tsinan fu, wo Eisenerze mit ca. 64 pCt. Eisen im Kontakte zwischen Diorit und kambrischem oder silurischem Kalke in großer Ausdehnung vorkommen.

Außer der 30 Li-Zone besteht in Schantung noch eine zweite Bergwerkskonzession, nämlich die der

„Deutschen Gesellschaft für Bergbau und Industrie im Auslande

in Tsingtau".

Diese Gesellschaft wurde am 7. April 1900 gegründet und erhielt die Rechte einer Kolonialgesellschaft durch Bundesrats-Beschluß am 20. Juni 1901. Die Konzession hat einen Flächeninhalt von rund 30000 qkm und umfaßt nachstehende 5 Zonen:

1. Das Gebiet südlich von I tschou fu auf der linken I ho-Seite,
2. Eine große Kreiszone um I schui,
3. Das Gebiet etwa südlich und östlich von Tschu tschöng,
4. Eine Kreiszone südwestlich von Wei hsien,
5. Das ganze Gebiet östlich etwa von Tsimo-Ping tou-Lai tschou fu.

Die Arbeiten der Gesellschaft sind vorläufig gerichtet auf die Gewinnung von Gold aus Seifen (bei Tung Tsching), aus Quarz (bei Ning hai tschou), von Bleierz (südwestlich Wei hsien) und auf Glimmer (bei Tschu tscheng).

10. Geschichtliches.

Tsing tau heißt wörtlich: „grüne Insel". So wurde früher die jetzige Arkona-Insel im Gegensatze zu Huang tau, der „gelben Insel" in der Kiautschou-Bucht genannt. Der Name wurde auf die Niederlassung auf dem Festlande, gegenüber der Insel, übertragen. Tsingtau war ein unbedeutender Platz; von seiner älteren Geschichte ist wenig zu berichten. Unter dem Kaiser Tschien-lung (1736—1796) wurde der Hafen dem Handel eröffnet und ein Seezollamt errichtet; gleichzeitig wurde der Tempel, der noch jetzt erhalten ist, erbaut. 1891 wurde der Platz von den Chinesen befestigt; es wurden vier Lager und das Yamen sowie die Landungsbrücke errichtet; seit dieser Zeit lag chinesisches Militär in Tsingtau.

Die hohe Bedeutung der Kiautschou-Bucht wurde von dem bekannten Geographen und Geologen Ferdinand Freiherrn von Richthofen erkannt, der im März, April und Mai 1869 Schantung bereiste, das Kiautschou-Gebiet selbst aber nicht besuchte. Er hat seine Erfahrungen niedergelegt in dem 1882 erschienenen Buche „China" (Berlin, Verlag von Dietrich Reimer), Band II, und schreibt dort Seite 266:*)

*) Nach der deutschen Besitzergreifung hat v. Richthofen 1898 noch das kleinere Werk: „Schantung und seine Eingangspforte Kiautschou" in demselben Verlage veröffentlicht.

„In der Eröffnung des Hafens von Kiautschou und in der Herstellung der genannten Verbindungen liegt die Zukunft der reichen Kohlenfelder von Schantung. Ist auch die Hebung von China in materieller, intellektueller und industrieller Hinsicht den Interessen Europas, wie es scheint, direkt zuwiderlaufend, so wird sie sich doch mit zwingender Notwendigkeit vollziehen, und angesichts dessen haben sich die fremden Mächte die großmöglichsten Vorteile bei dem bevorstehenden Aufschwunge zu sichern."

Die Ansichten über den Wert der Kiautschou-Bucht waren geteilt. Um sich ein Urteil zu bilden, besuchte der damalige Chef der Kreuzerdivision, Kontreadmiral Tirpitz, die Bucht persönlich und forderte die Entsendung eines Hafenbautechnikers. Als solcher wurde im Januar 1897 der Geheime Marine-Baurat Georg Franzius hinausgeschickt; sein Gutachten fiel günstig aus. Es wurden nun Unterhandlungen wegen Erwerbung der Bucht mit China eingeleitet, die aber zu keinem Resultate führten. Nun trat ein Ereignis ein, das die Angelegenheit zur Entscheidung brachte: Am 1. November 1897 wurden in dem Dorfe Tschang tschia tschuang bei Yen tschou fu nachts die drei Missionare Nies, Henle und Stenz von etwa 30 Chinesen überfallen. Die beiden ersten wurden ermordet, Stenz entkam. Darauf verständigte sich Deutschland mit den an-

deren Staaten, speziell mit Rußland, und ließ am 14. November 1897 von der Kreuzerdivision unter Admiral v. Diederichs Tsingtau und die Kiautschou-Bucht besetzen.

Durch Vertrag vom 6. Oktober 1898 wurde das jetzt unter deutscher Hoheit stehende Gebiet

Landungsmanöver bei Tsingtau.

auf 99 Jahre an Deutschland verpachtet und eine „Interessenzone“ von 50 km um das Pachtgebiet festgesetzt, in der China keine Maßnahmen ohne Zustimmung der deutschen Regierung treffen kann. Zugleich wurden Eisenbahn- und Bergwerksmonopole für die wichtigsten Linien in ganz Schantung an Deutschland übertragen. In dem Artikel V des

Pachtvertrages ist gesagt: „Sollte Deutschland später einmal den Wunsch äußern, die Kiautschou-Bucht vor Ablauf der Pachtzeit an China zurückzugeben, so verpflichtet sich China, die Aufwendungen, die Deutschland in Kiautschou gemacht hat, zu ersetzen und einen besser geeigneten Platz Deutschland zu gewähren."

Durch Kaiserliche Verordnung vom 27. April 1898 wurde das Pachtgebiet zum Schutzgebiete erklärt. Trotzdem die Stadt Kiautschou nicht zu dem Schutzgebiete gehört, führt es gewöhnlich die Bezeichnung „Kiautschou-Gebiet".

Unter den Aufständen der Brüder vom großen Messer (Boxer) im Jahre 1900 hatte Tsingtau nicht zu leiden, wohl aber das Hinterland.

Der erste Gouverneur des Schutzgebietes war der Kapitän zur See Rosendahl, der 1899 zurückgerufen wurde. Sein Nachfolger Jäschke starb in Tsingtau am 27. Januar 1901, dessen Nachfolger wurde der Kapitän zur See Truppel.

II. Ankunft in Tsingtau.

Die Schiffe, welche Tsingtau anlaufen, legen entweder im „großen Hafen" in der Kiautschou-Bucht nördlich von Tsingtau an, oder auf der sogenannten Außenrhede, (der sogenannten Tsingtau-Bucht) unmittelbar südlich vor Tsingtau. Soweit

die Dampfer nicht an den Molen des großen Hafens fest machen, hat der Reisende dafür zu sorgen, daß er mit seinem Handgepäcke auf einer Dampfpinasse oder auf chinesischen Ruderbooten (Sampan = 3 Bretter [Boot]) ans Land kommt. Die Hamburg-Amerika-Linie stellt für ihre Schiffe Dampfpinassen zur Verfügung. Sampan pro Person 10 Cent oder 2 Zehnpfennigstücke. Weiterfahrt nach den Hotels etc. auf Rikscha (Abkürzung des japanischen Jinrikscha = Menschenkraft-Wagen). Die Rikschakuli (wegen der Steigungen in den Straßen regelmäßig 2) verstehen meist nur wenige Worte deutsch.

Die notwendigsten chinesischen Worte:*)

Nach = schang, schnell = quai quai, langsam = manmandi, zurück = hui kü, warten = dong i dong, halt = dschü chia, Hotel Prinz Heinrich = da fan dien, Hotel Krippendorf = hsiau (oder che mau) fan dien, Kiautschou-Hotel = hsiau kiautschou fan dien, Seemannshaus = schui sche fan dien, Bahnhof = chuo tsche dschän, Postamt = sin djü, Badestrand = hui tschuän, Lazarett (von da Fußweg zum Diederichsberge etc.) = ji yuän, Kasernen am Bismarckberge = dung jing pän, Iltisberg-Kasernen = Hui tschuän jing pän, Höhenlager = hsiau ni wa jing pän, Marine-Feldbatterie = hsi ma dui oder he lan, ein Dollar = i quai tsien, 10 Cent = i güa

*) Im Schantung-Dialekt. Den Peking-Dialekt verstehen die Kuli nicht.

tsien, 15 Cent = i güa wu fen, 20 Cent = leang güa tsien, 25 Cent = leang güa wu fen, 30 Cent = ssän güa tsien.

Die Zahlen: 1 = i, 2 = erl oder leang, 3 = ssän, 4 = sse, 5 = wu, 6 = liu, 7 = tzi, 8 = ba, 9 = giu, 10 = schi, 11 = schi i, 12 = schi örl, 20 = örl schi, 21 = örl schi i, 30 = ssän schi. Eine Stunde = i dien dung. Eine Minute = i fen. Wieviel? = doa schau? Wie teuer? = doa schau tsiän? Zu viel = tä doa. Zu wenig = tä schau, gut = chau, schlecht = bu chau, ja = sche, nein = bu sche.

Es gibt in Tsingtau 4 Landungsbrücken. Man fährt nach der Yamenbrücke (chinesisch = Yamen ma tu) um nach dem Yamen und der Auguste Viktoria Bucht zu gelangen, nach der Tsingtau-Brücke (Tschingtao ma tu), um nach den Hotels, dem Zentrum der Stadt und dem Bahnhof zu gelangen, nach der Tapautau-Brücke (Tapautau ma tu), um nach der Chinesenstadt und dem kleinen Hafen zu gelangen, nach der Arkona-Brücke (Pe ma tu), um nach der Hafenverwaltung, dem großen Hafen und dem Höhenlager zu gelangen.

Am Ende der Brücken stehen Rikschas und Träger für Personen- bezw. Gepäckbeförderung bereit. Das größere Gepäck läßt man vorläufig besser an Bord und später durch das Hotel, die Spedition von Richardt (Telephon 58) bezw. durch die Kiautschou-Leichter-Gesellschaft (Kaiser Wilhelm

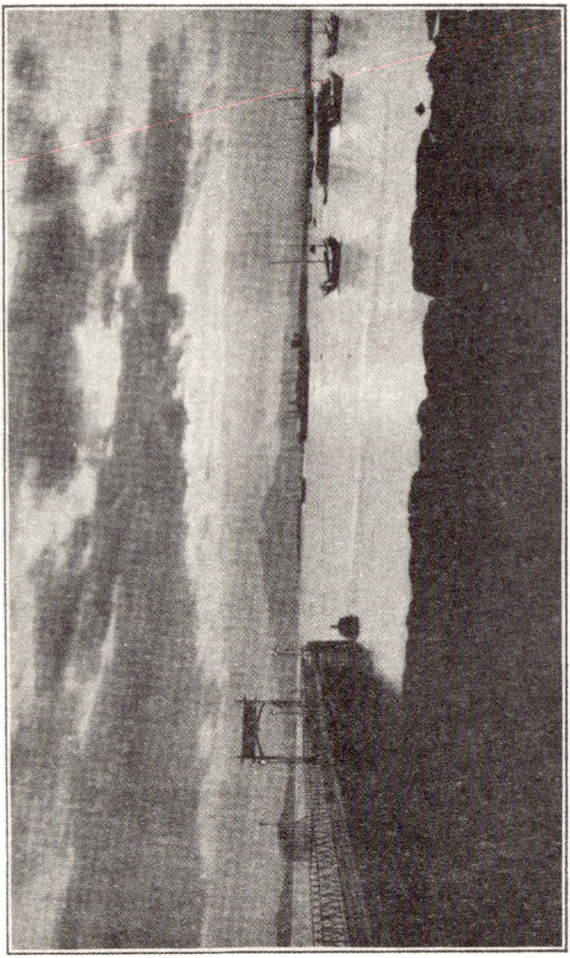

Die Außenrhede bei Tsingtau; Yamenbrücke und Perlgebirge.

Ufer) an Land schaffen. Durch Richardt sowie die Fuhrhalterei von Johannsen zu Tapautau sind auch jederzeit Wagen und Reitpferde zu mäßigen Preisen zu erhalten.

An **Hotels** sind vorhanden:

1. Hotel Prinz Heinrich am Kaiser Wilhelm-

Hôtel Prinz Heinrich.

Ufer mit 40 Zimmern, Terrasse, Verandas, Damen-, Klub- und Lese-Zimmer, mit Dependance. Pensionspreis 100—150 Doll. monatlich.

2. Strandhotel, an der Auguste Viktoria-Bucht, 31 Zimmer, 1903/04 erbaut.

3. Hotel Krippendorf am Kaiser Wilhelm-Ufer

mit 30 Fremdenzimmern, vorzüglicher Küche, Pensionspreis 3—5 Doll. pro Tag, monatlicher Pensionspreis nach Vereinbarung (Filiale in Tsinanfu).

4. Hotel zur deutschen Eiche, Tirpitzstraße, mit Restaurations-, Billard-, Klub- und 9 Fremdenzimmern, Pensionspreis pro Tag à Person 4 Doll., für 2 Personen 6 Doll.; monatlich für eine Person 90 Doll., für 2 Personen 120 Doll.; für längere Zeit Ermäßigung des Preises.

5. Familienpension Luther, Irenestraße, Pension pro Person 6 Doll. pro Tag, Familien Ermäßigung, ebenso bei längerem Aufenthalte. Zimmer mit Frühstück 4 Doll. pro Tag und Person.

Restaurants und Cafés.

Hotel Kiautschou (Friedrich- und Prinz Heinrichstraßen-Ecke), Konditorei und Café Fiedler (Friedrichstraße), Restaurant F. Vogt (Friedrichstraße), Hotel Metropole (Friedrichstraße), Restaurant Keglerheim (Tientsinstraße), Restaurant zum deutschen Hause (Schantungstraße), Restaurant Lehmann (Schantungstraße), Bahnhofsrestaurant (Hohenzollernstraße beim Bahnhofe).

12. Von Tsingtau-Brücke über Hotel Prinz Heinrich nach dem Yamen.

(Entfernung 1000 m).

Den kürzesten Weg nach dem Yamen schlägt man ein, wenn man der prächtigen Strandstraße

nach Osten zu folgt. In ca. 3—5 Minuten erreicht man das Hotel Krippendorf und Hotel Prinz Heinrich, überschreitet die Wilhelmstraße und passiert nacheinander die Deutsch-Asiatische Bank (geöffnet von 9—12 und 2—4, Sonnabends von 9—1) und die Dienstgebäude der Schantung Eisenbahn- und Bergbau-Gesellschaft.

Deutsch-Asiatische Bank.

Zwischen den „Fünfzehn Eichen" (Platz genannt nach dem Bestande von fünfzehn Eichen am Abhange des damaligen chinesischen Friedhofes) und dem provisorischen Gerichtsgebäude erinnert als letzter Überrest an das frühere Alt-Tsingtau noch der gut erhaltene

Tempel.

Das Erbauungsjahr des Tempels läßt sich nicht sicher feststellen; es fällt wahrscheinlich in das erste Jahrzehnt des neunzehnten Jahrhunderts; jedenfalls sind die einzelnen Gebäude nicht gleichzeitig errichtet worden. Der Tempel ist der „Tien hou", „der Himmelsgöttin" oder „Göttin der See" gewidmet. Diese Göttin wird nicht nur von den Seeleuten, sondern auch von der Landbevölkerung allgemein verehrt. Nach dem Volksglauben ist sie ursprünglich Wahrsagerin gewesen. Als ihr Vater plötzlich starb, stürzte sie sich aus Gram hierüber in das Meer. Schon zu ihren Lebzeiten war sie als gute Prophetin überall geachtet, nach ihrem tragischen Ende errichtete man zu ihrem Andenken einen Tempel an eben der Stelle, wo sie ihren Tod gefunden hatte. Nicht lange darauf soll ein fahrender Kaufmann bei dunkler Nacht und hohem Seegange in der Nähe des Tempels vor dem sicheren Untergange dadurch gerettet worden sein, daß eine vom Himmel leuchtende Lampe ihm den richtigen Weg durch die Klippen wies. Das Licht soll ihm von dem Tempel der Prophetin aus geleuchtet haben. Seit jenem Zeitpunkte wird sie als Schutzgöttin der Seeleute weit und breit verehrt. Man glaubt, daß sie in besonders stürmischen und dunklen Nächten eine Lampe vom Himmel leuchten lasse, um die Schiffer vor Gefahr zu bewahren.

Evangelische Kapelle, Signalberg und Tempel.

Über dem Tempel sind zwei Tafeln mit Inschriften angebracht. Die obere heißt: „Huan hai tsy yün" und bedeutet: „Rings auf dem Meere gewähre sie (d. h. die Göttin) gnädige Wolken!" und die untere: „Uu kuo yu min" d. i. „die Länder schützen, dem Volke nützen". Beide Tafeln sind Stiftungen von Kaufleuten aus dem alten Tsingtau und im Jahre 1864 bezw. 1843 in der Regierungszeit der Kaiser Tung tschi bezw. Tao kuang errichtet.

Betritt man den ersten Hof des Tempels, so befinden sich im Rücken des Eintretenden die an Feiertagen zum Theaterspielen benutzte Bühne, rechts und links von dem Eingang zum zweiten Hof die Zuschauerräume.

In dem Tscheng fang, dem Mittelgebäude des zweiten Hofes, befindet sich der der „Tien hou" geweihte Tempel, rechts und links davon in dem tung ku la und hsi ku la sind die Anbetungshallen des „Gottes des Wassers" und des „Gottes des Reichtums".

In dem Tempel der „Tien hou" erhebt sich im Hintergrunde des Hauptaltars die große Figur der Himmelsgöttin selbst. Ihr zur Seite stehen zwei große männliche Figuren, die eine ist das Sinnbild der Scharfsichtigkeit, die andere das des feinen Gehörs.

Der Kuan yin, der Göttin der Barmherzigkeit,

ist der kleine Altar rechts von der Tien hou geweiht. Ihr Heim ist die im Tschusan-Archipel gelegene kleine Insel Putu, die nur von buddhistischen Priestern bewohnt wird. Von der Göttin erzählt die Legende, daß sie, die Tochter eines Königs, einst ein Gelübde getan hatte, Nonne zu werden. Als sie ihre Absicht dem Willen ihres Vaters entgegen ausgeführt hatte, ließ ihr Vater das Kloster, in das sie sich vor der Welt zurückgezogen hatte, in Brand stecken. Auf ihr Gebet fiel aber Regen vom Himmel, und das Feuer erlosch. Der ergrimmte Vater ließ sie darauf in den Palast zurückführen und hier zwischen Tod und Heirat wählen. Sie zog den Tod vor. Bei ihrem Eintritt in die Unterwelt wird diese zum Paradies, so daß von nun an allen Verstorbenen die Hölle zum Himmel wird. Auf Bitten des Gottes der Unterwelt steigt sie wieder zur Oberwelt hinauf, damit den Bösen die Vergeltung werde. Hier erfährt sie, daß ihr Vater erkrankt sei. Um ihn zu heilen, sandte sie ihm einen Arm und ein Auge und stellte ihn wieder her. Vor allen wird die Kuan yin von den Müttern hoch verehrt, da sie die Macht hat, männliche Nachkommenschaft zu verleihen; die Männerwelt verehrt sie als Beschützerin der Seefahrer.

Der kleine Altar rechts von dem Altar der Kuan yin soll ebenfalls dieser Göttin gehören. Auf der Altardecke lesen wir: Pu men ta schih, d. h. die

erhabene Kuan yin (Pu men ist ein Beiname der Göttin Kuan yin). Der Altar links von dem Altar der Tien hou ist einem der höchstverehrten medizinischen Götter Chinas geweiht, dem Lü tung pin. Er war zu seinen Lebzeiten ein hoher Beamter, der sich viel mit der Heilwissenschaft beschäftigte und dem es schließlich glückte, ein Elexir für die Unsterblichkeit zu erfinden. Auf Grund seiner Verdienste wurde er unter der Sung-Dynastie heilig gesprochen und später unter die Zahl der „Acht Unsterblichen" aufgenommen, als der er heute noch überall die größte Verehrung genießt.

Über dem Eingange zum Tempel „des Gottes des Wassers", der sich rechts von dem Eingange zum Haupttempel befindet, stehen die Worte: Schui tsching kung — Cristall-Palast. Mehr oder minder kunstvoll sind die Wände dieses Raumes auf Veranlassung und Kosten des früheren Kreisbeamten von Tsimo, Li te scheng, im Jahre 1853 bemalt worden. Der rechte Wandschmuck stellt eine Ausfahrt des Wassergottes mit seinem Stabe an Land dar, dieser Umstand verursacht einen heftigen Regenguß auf der Erde; links ist die Rückfahrt des Gottes nach dem Meere dargestellt. Der Altar in der Mitte ist neueren Datums. Auf der Altardecke lesen wir: Lung wang ta ti d. i. Lung wang's (d. i. des Gottes des Wassers) Majestät.

In dem Hsi ka la, dem westlichen Teile des

Tsingtauer Haupttempels, hat einer der beliebtesten buddhistischen Volksgötter, der Gott des Reichtums, seinen Sitz aufgeschlagen. An seinem Geburtstage, der in den 7. Monat fällt, werden ihm von seinen Verehrern eine große Anzahl mit Speisen reich besetzter Tische aufgestellt, deren Arrangierung und Zubereitung eine so appetitliche ist, daß man sich wirklich fragt, warum der bezopfte alte Herr, der im Bilde vor dem Tische sitzt, nicht zugreift. Fragt man scherzeshalber die Priester, wo denn später das schöne Essen bleibt, so schweigen sie erst geheimnisvoll; dringt man dann weiter in sie und geht mit der Frage: „Das ißt du wohl dann später?" auf des Pudels Kern, so heißt es überzeugungsvoll: „Nicht ich, die anderen Priester". Diese Antwort wiederholt sich dann stereotyp, wenn die anderen Priester ebenso gefragt werden. Die Einrichtung des Tempels des Gottes unterscheidet sich sonst nicht von den bisher geschilderten.

Auch noch aus der Chinesenzeit stammt das provisorische

Gouvernementsgebäude,

das noch zur Zeit der Okkupation dem chinesischen General als Yamen gedient hat. Es hat auch den ersten Gouverneuren, Kapitän zur See Rosendahl und Jäschke, als Amtswohnung gedient und vorübergehend S. K. Hoheit den Prinzen Heinrich von Preußen beherbergt, als dieser als Chef des Kreuzer-

Tsingtau, im Vordergrunde Yamenlager.

geschwaders im Jahre 1898 vor Tsingtau lag. Es ist seit dieser Zeit wieder ausgebaut und ausgebessert worden. Der Haupteingang ist an der Ostseite. Dem Eingangstore gegenüber befindet sich — wie dieses bei chinesischen Yamen üblich ist — die vor wenigen chinesischen offiziellen Gebäuden fehlende „Fong schui", das ist wörtlich übersetzt: „Wind und Wasser (scilicet Mauer)". Der „Fong schui" Aberglaube ist, wie bei den Völkern der Südsee der Totemismus, den Chinesen gleichsam in Fleisch und Blut übergegangen und beherrscht ihr soziales und Familienleben: Um die bösen Einflüsse von Wind und Wasser von Gebäuden und Gräbern — den Wohnplätzen Lebender und Verstorbener — fern zu halten, bedürfen diese gewissermaßen sicherer Stützpunkte, an denen die Macht der Wind- und Wassergeister zerschellt. Die Mauer vor dem Haupteingange des Yamen ist zu diesem Zwecke errichtet; sie soll die bösen Geister und deren schlimme Einflüsse von den Beamten des Yamen abwehren. Die dem Yamen zugewandte Seite der Mauer schmückt das Bild des Tan, eines krokodilähnlichen Ungeheuers mit großen Augen und weit geöffnetem Rachen. Der Leib des Tieres ist mit Schuppen dicht bedeckt, der Schweif gleicht dem einer Kuh, der Kopf ist der bildlich dargestellten aufgehenden Sonne zugewandt. Das Tier ist das Sinnbild des Begehrens und seine Darstel-

lung auf der Wand sollte die Beamten, die diese täglich passierten, davor warnen, begehrlich zu sein.

Im ersten Hofe des Yamen befinden sich die Geschäftsräume des Zivil- und Chinesenkommissars nebst dem Bureau der Dolmetscher-Eleven und der

Fong schui-Mauer („Ying pe tsiang") vor dem Yamen.

Kanzlei des Landessekretärs, im zweiten Hofe haben der Gouverneur, der Chef des Stabes und die Adjutanten ihre Dienstzimmer. Die Intendantur und Garnisonverwaltung ist nördlich davon untergebracht, während die Bauverwaltung ihre Geschäftsräume vorläufig vom Yamen teils in das frühere Ritthausen'sche

rote Haus am Kaiser Wilhelm-Ufer neben dem Gebäude der Kiautschou-Leichter-Gesellschaft, teils in Dienstgebäude in der Bismarck- und Friedrichstraße verlegt hat.

Leuchtturm Yu nui san.

13. Nach dem Leuchtturme.

Mit Rikscha über den Bahnhof oder am Strande nach Westen entlang über das Lager der Marine-Feld-Batterie nach Tai hsi tschen (Hsiau ni wa) und zu Fuß weiter auf die Landzunge Tuan tau. Schöner Rundblick auf die Berge und die Stadt Tsingtau. Der im Jahre 1900 vollendete Leuchtturm ist mit elektrischem Bogenlichte versehen, das normal auf 16 Seemeilen sichtbar ist. Es hat auf

12 Grad Festfeuer in der Richtung der Einfahrt in den Hafen; nach Norden schließt Einblitzfeuer auf 30 Grad an, nach Süden auf 278 Grad Zweiblitzfeuer. In der Richtung nach dem Lande hin sind 40 Grad dunkel. Die Landzunge, auf welcher der

Geschäftshaus F. Schwarzkopf & Co.

Leuchtturm steht, führt den offenbar durch ein Mißverständnis in die alten Karten gekommenen Namen yu nui san.

14. Von Tsingtau-Brücke nach dem Bahnhofe.

Nachdem man die Brücke passiert hat, biegt man nach Westen zu in die Hohenzollernstraße

ein und passiert zunächst zur Rechten das stattliche Gebäude des Kaiserlich Chinesischen Seezollamtes (geöffnet von 12 Uhr Vormittags bis 4 Uhr Nachmittags), sodann weiter die Kaufhäuser Sietas, Plambeck & Co. und Eberhardt, Bollweg & Co., während sich zur Linken die bis an das Kronprinzen-

Bahnhof Tsingtau.

Ufer sich ausdehnenden Grundstücke der Firma Schwarzkopf & Co. und Carlowitz & Co. und der chinesischen Firma Singtai & Co. erstrecken. Kurz vor dem Bahnhofe, dem Bahnhofplatze zugewendet, liegt das Bahnhofshôtel als letztes Gebäude in der Hohenzollernstraße.

15. Von Tsingtaubrücke nach der Markthalle.

Man folgt der direkt nach Norden laufenden Friedrichstraße und passiert bis zur Kreuzung dieser mit der von O nach W laufenden Irenestraße (in deren zweitem Hause sich die von 9—9 geöffnete Kiautschou-Bibliothek befindet) zunächst zur Rechten

Seemannshaus.

das Kiautschou-Hôtel, zur Linken das Haus des Baudirektors. An der Ecke der Friedrich- und Irenestraße befindet sich das provisorische Alumnat der höheren Knabenschule mit der Wohnung des Leiters, weiterhin die Geschäftsräume der Deutsch-Asiatischen Warte und das im Frühjahr 1902 eröffnete

Seemannshaus.

Dieses hat den Zweck, den Unteroffizieren und Mannschaften der Garnison und des Kreuzergeschwaders ein Heim für ihre Erholungszeit zu bieten. Die Anregung zum Bau des Hauses ging im Jahre 1898 von seiner Königlichen Hoheit dem Prinzen Heinrich von Preußen aus, der seiner Zeit

Saal im Seemannshause.

als Chef des Kreuzergeschwaders Gelegenheit hatte, an Ort und Stelle das Bedürfnis nach einem Seemannshause in Tsingtau selbst wahrzunehmen. Der Grundstein wurde am 18. Oktober 1898 gelegt.

Auf dem weiteren Wege nach der Markthalle sind an der rechten Seite zu erwähnen an der Ecke der Bremerstraße im sogen. Henn'schen Hause die

Bureaus des Kaiserlichen Bezirksamtes und der Hamburg-Amerika-Linie (ersteres geöffnet von 9 bis 12 Uhr Vormittags und 3 bis 5 Uhr Nachmittags, letzteres von 8 bis 12 Vormittags und 3 bis 6 Uhr Nachmittags).

Post.

16. Tsingtau-Brücke — katholische Mission.

Man folgt dem Kaiser-Wilhelm-Ufer nach Osten zu, passiert die Luitpoldstraße und biegt nach Norden in die Albertstraße ein. Das Postgebäude links liegen lassend steigt man sodann die steile Tirpitzstraße hinan, in der sich das Restaurant zur Eiche befindet. Am Gouvernementsplatz wendet

man sich nach Nord-Westen und schlägt den Hohenloheweg ein nach der Mission zu. Auf dem Wege kommt man an mehreren hübschen Villen vorbei, in deren zweiter sich die Dienstwohnung des Gouvernementspfarrers befindet, und genießt eine hübsche Aussicht auf die Stadt und den Hafen. Die stattlichen Grundstücke der katholischen Mis-

Katholische Mission.

sion sind auf einem der Mission vom Gouvernement überwiesenen Terrain von 30 000 qm in den Jahren 1899—1902 erbaut und dienen Missions- und Schulzwecken. Die hiesige Mission untersteht, wie die weiteren Distrikte Kiautschou, Kaumi und Tschoutscheng, der deutsch-katholischen Missionsgesellschaft von Steyl, und hat die Aufgabe, Prokur

Katholische Mädchenschule und Pension.

und Durchgangsstation für die gesamte katholische Mission in Süd-Schantung zu sein. In der provisorischen Kapelle der Mission findet allsonntäglich Gottesdienst für die katholische Militär- und Zivilgemeinde statt; der sonntägliche Gottesdienst für die chinesische Gemeinde wird in den Kapellen in Tapautau und Taitungtschen abgehalten.

Seit April 1902 ist zugleich mit der Niederlassung für Schwestern, Franziskanerinnen, Missionarinnen Mariens, ein deutsches Mädchenpensionat, verbunden mit höherer Töchterschule und Kindergarten für Europäer von der Mission eröffnet worden. An der Schule wirken 7 Lehrkräfte. Sie war zu Anfang des Jahres 1904 von 48 Schülerinnen besucht, darunter befanden sich 12 auswärtige von Tientsin, Schanghai und Japan. Die Schuleinrichtungen stehen unter der Aufsicht des Gouvernements. Der Pensionspreis (mit Wäsche) beträgt 500 Doll. pro Jahr, bei Besuch von mehreren Kindern aus derselben Familie tritt Preisermäßigung ein. Einheimische Schülerinnen zahlen an Schulgeld 60 Doll. pro Jahr. Die großen Ferien fallen in die Monate Juli und August. Die Lehrfächer sind Deutsch, Französisch, Englisch, Literatur, Arithmetik, Geographie, Weltgeschichte, Zeichnen, Malen, Handarbeit, Musik, Skulptur und Buchhaltung. Der Unterricht wird im Französischen und Englischen von geborenen Französinnen und Eng-

länderinnen erteilt, die übrigen Lehrgegenstände werden in deutscher Sprache vorgetragen. Am Religionsunterricht nehmen nur die katholischen Zöglinge teil, die evangelischen werden von dem Gouvernementspfarrer in der Religion unterwiesen. Die Anstalt bietet mit ihren luftigen, den hygienischen Anforderungen in jeder Beziehung entsprechenden Räumen und mit ihrer hervorragend schönen Lage und dem hübsch angelegten Garten für die Pensionärinnen einen empfehlenswerten Aufenthalt. Ein Besuch der Anstalt ist lohnend und wird nach vorheriger Anmeldung bei der Oberin von den Schwestern stets gern gesehen.

17. Tsingtau-Brücke—Signalberg.

(Entfernung 1200 m).

Man folgt dem Kaiser Wilhelm-Ufer nach Osten bis zum Gebäude der Schantung Bergbau-Gesellschaft, biegt dann nach Norden in die Bismarckstraße ein und kommt nach Überschreitung der Prinz Heinrichstraße an mehreren im villenartigen Stil gebauten Häusern vorbei. Diesen Villen gegenüber liegt die Gouvernementsschule und das Schulhaus, das am 2. September 1901 eingeweiht worden ist. Die Schule hat den Lehrplan eines deutschen Realgymnasiums und wird im September 1904 bis zur Tertia geführt sein. Zur Zeit wird die Schule

Gouvernementsschule.

von ca. 50 Schülern besucht, darunter von 6 auswärtigen. Das Schulgeld beträgt jährlich in der Vorschule 60 Doll., in Sexta, Quinta, Quarta 81 Doll. Bei Geschwistern ist für jedes zweite und dritte die Schule besuchende Kind nur die Hälfte des Schulgeldes zu zahlen, das vierte und die folgenden

Lazarett am Gouvernementshügel.

Kinder sind von Zahlung des Schulgeldes befreit. In besonderen Fällen kann Ermäßigung oder Erlaß des Schulgeldes gewährt werden. Die großen Ferien fallen in die Zeit vom 15. Juli bis 12. September jedes Jahres. Alles Nähere ergibt die vom Gouvernement zu beziehende Schulordnung. Alumnen

finden vorläufig in dem provisorischen Alumnat für den jährlichen Pensionspreis von 650 Doll. Aufnahme.

Hat man den Diederichsweg passiert, so bleibt das Auge unwillkürlich an der großartigen Hospitalanlage haften, die mit ihren 10—15 im Pavillon-

Lazarettpark (Akazien).

stil erbauten Häusern gewissermaßen einen kleinen Stadtteil für sich bildet. Zur Rechten erhebt sich das zweistöckige Verwaltungsgebäude, das mit seiner dekorativen Fassade und seinen hübschen luftigen Verandas einen stattlichen Eindruck macht. Links von der Straße an dem neuentstandenen Lazarett-

parke liegt auf mehreren sich übereinander erhebenden durch hohe Hügel gegen rauhe Nordwinde geschützten Terrassen die eigentliche Hospitalanlage, die aus mehreren Lazarettpavillons, Apotheke und Wirtschaftsgebäuden besteht. Die Pavillons haben Raum für 104 Betten, deren Zahl im Bedarfsfalle auf 150 erhöht werden kann. In den Pavillons 1, 2, 4 befinden sich die Stationen für innere, venerische und chirurgische Krankheiten, im Pavillon 3 eine besondere Abteilung für Lungen-, Ohren- und Geistes-Kranke, ein Röntgenkabinett mit Apparaten, Wohnung für einen Lazarettinspektor und 2 Assistenzärzte und eine Kapelle. Das Lazarett hat Wasserleitung und elektrisches Licht und ist in jeder Beziehung eine den modernen Anforderungen durchaus entsprechende und auf der Höhe stehende Einrichtung. Wie ursprünglich vorgesehen, dient das Lazarett auch zur Aufnahme erkrankter Zivilpersonen jedes Standes, die in der ersten Klasse ca. 16 Mk., in der zweiten 10,50 Mk., in der dritten 5 Mk. pro Tag zahlen und hier in Krankheitsfällen, wie die Erfahrung hinlänglich gezeigt hat, vortrefflich aufgehoben sind. Ehe man das Lazarettverwaltungsgebäude passiert, führt rechts von der Straße ein Fußweg hinauf auf den Diederichsberg oder Signalberg. Der Weg ist zunächst ganz leicht zu finden, im weiteren Verlauf windet er sich aber bald rechts bald links und man muß etwas aufpassen, daß man

ihn nicht verfehlt. Auf halbem Wege erreicht man den **Diederichsstein**, der zum Andenken an die Besitznahme von Kiautschou am 14. November 1897 ein Jahr darauf errichtet worden ist.

Eine in Stein gehauene Bank dem Denkmal gegenüber gibt dem Spaziergänger Gelegenheit auf

Diederichsstein.

dem steilen Wege nach der Signalstation hier zu rasten und in Muße die deutsche und chinesische Inschrift des Steines zu studieren. Von der Signalstation selbst, (100 m über dem Meeresspiegel) deren Plattform und Wachthaus zu betreten nicht erlaubt ist, hat man einen hervorragend schönen Blick auf Tsingtau, den kleinen und großen Hafen,

Syfang, auf die Iltis-, Prinz Heinrich-Berge und auf den Lauschan. Daher wird der etwas mühevolle Aufstieg, der etwa 15 bis 20 Minuten vom Fuße aus in Anspruch nimmt, reichlich belohnt durch den genußvollen Ausblick. Den Abstieg nimmt man am besten auf der nördlichen Seite des Hügels und

Signalstation.

schließt daran vielleicht einen angenehmen und lohnenden Spaziergang nach dem Tempel des früheren Dorfes Hsiaupautau an, nach dem rechts von der Hauptstraße ein hübsch angelegter Fußweg führt. Bänke zum Ausruhen sind unterwegs angebracht.

Signale des Signalberges: Dreieck mit der Spitze nach oben bedeutet Ankunft eines Dampfers vom

Norden; mit der Spitze nach unten: vom Süden. Eine Kugel: Ankunft eines Kriegschiffes. Die Flaggen über diesen Signalen bezeichnen die Nationalität des Schiffes.

18. Von Tsingtau-Brücke nach der Auguste Viktoria-Bucht (Clara-Bucht, Badestrand).

(Entfernung 2700 m).

Der Weg nimmt ca. $^3/_4$ Stunden in Anspruch und führt an der Strandstraße entlang zunächst am Hôtel Prinz Heinrich und Yamen vorbei. Dem Yamen gegenüber liegen die Geschäftsräume der Baudirektion und der Kiautschou Leichter Gesellschaft. Nach Überschreitung der Brücke folgt man dem Auguste Viktoria-Ufer bis zum Badestrand, und passiert unterwegs ca. 5 Minuten hinter der Brücke zuerst die Marine Werkstatt und dann die Schneidemühlenanlage der Tsingtau-Industrie- und Handelsgesellschaft. Des Besuches wert ist in der Werkstatt die Fachschule für Chinesen, in der ca. 100 chinesische Lehrlinge während eines vierjährigen Kursus neben dem Unterricht in der deutschen Sprache technische Ausbildung als Tischler, Schreiner, Schlosser, Maschinenbauer u. s. w. erhalten. Die Schule ist ein Internat und mit geringen Mitteln ins Leben gerufen. Die jungen Chinesen, die im Alter von 14 bis 20 Jahren stehen, erhalten in den

Badestrand bei Tsingtau.

Morgenstunden bis 9 Uhr deutschen und chinesischen Unterricht, den übrigen Teil des Tages werden sie in der nach jeder Richtung hin vortrefflich eingerichteten Werkstatt praktisch unterwiesen. In den Freistunden wird ihr Körper durch Turnspiele und Baden gekräftigt. Verlassen dürfen die Schüler die Anstalt nur in Begleitung des deutschen oder chinesischen Lehrers. Für ihre Arbeitsleistung erhalten sie schon bald nach der allerersten Vorbildung einen täglichen Lohn von 30 Cent, wovon ihnen für Kost und Logis die Hälfte abgezogen wird.

Der Badestrand mit den Iltisbergen im Hintergrunde ist eigenartig schön gelegen. Mehrere Villen, darunter das stattliche Gouverneurhaus und die Villa des Chinesenkommissars, erheben sich in unmittelbarer Nähe, einige sind im Bau begriffen. Angenehmen Aufenthalt für Badegäste wird das im Bau begriffene Strandhôtel, eine Filiale des Hôtels Prinz Heinrich, bieten; es enthält in drei Stockwerken 31 Doppelzimmer, eine große Halle, Badezimmer, Salon-, Lese- und Restaurationszimmer, einen Tanzsaal und wird von seiner breiten Terrasse einen hübschen Ausblick auf das Meer und das Leben an dem Strande bieten. Mehrere Male in der Woche konzertiert während der Saison die Kapelle des III. Seebataillons am Strande, und für weitere Unterhaltung des Publikums bietet die in

Badestrand bei Tsingtau mit Gouverneurshaus.

vorigem Jahre ins Leben getretene Badekommission die beste Garantie. Eine Kurtaxe wird in Bad Tsingtau nicht erhoben; ist man aber nicht Hôtelgast und will eine eigene Badebude errichten, so hat man für den Platz eine Abgabe von 10 Doll. pro Saison an das Gouvernement zu entrichten.

Dienstwohnung des Gouverneurs.

19. Die Iltisberge.

(Entfernung 4500 m).

Die Iltisberge liegen 4 km östlich von Tsingtau und sind mit Rikscha in 40 Minuten zu erreichen. Der besondere Vorzug der Iltisberge besteht darin, daß sie bis zur Höhe hinauf mit einem Netze von bequemen Promenadenwegen überzogen sind, die

Jäschke-Grabdenkmal auf dem Europäer-Friedhofe.

Tempel an den Iltisbergen mit Blick auf die Prinz Heinrich Berge.

sich bequem mit Rikscha befahren lassen. Sie bieten zugleich eine ganz hervorragende Aussicht auf das Meer und auf das Hochgebirge. Empfehlenswert sind folgende Touren:

a) Über die Bismarckkaserne, die Bergstraße zum Europäerfriedhof ca. 2 km, hier Denkmal des

Forsthaus, Iltisberge.

Gouverneurs Jäschke, des bekannten Missionars Dr. Faber (Botaniker) und des Major Christ. Noch ca. 1 km weiter bis zum nordwestlichen Ende der Iltisberge: hier teilt sich der Weg, nach rechts geht er am Südwestabhange der Berge entlang und schließlich hinab zu den Iltiskasernen; nach links

Ruine beim Forstgarten.

Weg zum Forstgarten.

führt der Weg durch schönen jungen Waldbestand zur Nordseite der Iltisberge. Von diesem Wege aus erblickt man in etwa 500 m Entfernung einen alten Tempel mit mächtigem Gingko-Baume. Der Tempel dient jetzt zur Wohnung für einen Forstbeamten. Vom Tempel aus sieht man unten am

Totenhain beim Forstgarten.

Meeresstrande die Dörfer Tschan schan und Fuschanso. Recht malerisch machen sich im Osten die Prinz Heinrich-Berge und dahinter der Lauschan.

b) Über den Badestrand und Rennplatz zu den Iltiskasernen. Kurz vor diesen führt ein breiter Fahrweg links ab quer über die Bergstraße nach

Ravinen im Forstgarten mit Wohnung des Oberförsters.

Taitungtschen. Hundert Meter östlich von dieser Straße liegt das Forsthaus. Der Weg führt durch eine malerische torartige Ruine. Nach 300 m kreuzt ein kleiner Weg rechtwinklig, links geht es zum schönen Totenhain des früheren Dorfes Hui tschien, rechts 500 m zur Oberförsterei. Das ganze Gelände

„Mausefalle" und Kasernen am Iltisberge; im Hintergrunde der Badestrand.

um die Oberförsterei herum in einem Umkreise von 500 m am Südwestabhange der Iltisberge bildet den Forstgarten, der mit seinen verschiedenartigen Anpflanzungen von fremden Obst-, Waldbäumen und Blumen eine der interessantesten Sehenswürdigkeiten von Tsingtau bildet.

Eigenartig sind die merkwürdig geformten Granitfelsen auf den Iltisbergen. Schon von weitem fällt das Wahrzeichen der Berge in die Augen: Der gespaltene Stein oben auf der Höhe. Auf dem südlichsten Ausläufer der Iltisberge, 700 m östlich von den Kasernen, liegt etwas versteckt die sogenannte Mausefalle.

Altes Artillerielager.

20. Von Tsingtau-Brücke nach dem Gouverneurhause über das Artillerie-Lager.

(Entfernung 2200 m).

Der Weg führt am Tempel, am Gericht und an der westlichen Seite des Yamens vorbei über

den Paroleplatz, von dort sehr steil ansteigend (für Fuhrwerke und Radler nicht zu empfehlen, diese sollten den Weg zum Badestrande wählen) am früheren Lager der Matrosen-Artillerie rechts vorüber, fällt dann ebenso steil ab. Von der Paßhöhe eine ganz hervorragende Aussicht auf Stadt und Meer. Die Villa kurz vor dem Gouverneurhaus gehört dem Direktor des chinesischen Seezollamts E. Ohlmer.

21. Von Tsingtau-Brücke nach dem Bismarckberge.

(Entfernung 3500 m).

Mit Rikscha die Ostpaßstraße entlang in der Richtung nach Tai tung tschen bis dahin, wo die Steigung der Straße aufhört und man nach links abwärts den großen Hafen sieht (2 $^1/_2$ km), dann aussteigen und auf bequemem Fußwege nach Osten hinaufgehen (1 km). Hier ist einer der herrlichsten Rundblicke über die ganze Kiautschou-Bucht, das Meer und die Gebirge bis zum Lauschan. Bei klarem Wetter sieht man nach N über dem fast stets sichtbaren Ma schan (Pferdeberg) bei Tsimo die über 100 km entfernten zackigen Hochgebirge zwischen Ping tou und Lai tschou fu. Hinter Kap Jäschke ist im SW die gebirgige Insel Schui ling schan zu sehen; am Horizonte ferner die Inseln Tschu tscha tau (vor Schui ling schan), die einem

Vulkane mit rechts daneben gelagertem Felsen gleichende Insel Tai kung tau im SO; weiter nach Osten Hsiau kung tau und dahinter ganz am Horizonte bei klarem Wetter die letzte deutsche Insel Tscha lien tau mit Leuchtturm.

Hinter der Kiautschou-Bucht erscheint im SW

Ravinen bei der Bismarck-Kaserne.

vorn das zackige kleine Perlgebirge (hsiau tschu schan) und dahinter, weiter entfernt, das große Perlgebirge (ta tschu schan). — Der Bismarckberg ist 132 m hoch. — Man gehe nun entweder nach SW zu den 1903 vollendeten großen Bismarckkasernen (früher Ostlager) und dann nach Osten über

die Bergstraße zum Europäerfriedhofe und weiter zu den Iltisbergen, oder auf dem Wege, der sich östlich um den Bismarckberg zieht, oberhalb des Steinbruchs zur Bergstraße hin. Der Granitsteinbruch (mit Dampfsteinbrecher) an der Nordseite des Bismarckberges ist durch seine zahlreichen, herrlich aufgeschlossenen Porphyrgänge für Geologen sehenswert. Bei Nordwestwind geht man, gegen diesen geschützt, über die Ostpaßstraße quer hinüber nach dem Signalberge und von dort über das Lazarett nach Tsingtau. Der Bismarckberg gibt den besten Überblick in der Nähe Tsingtaus über das deutsche Schutzgebiet. Die Bismarckkasernen haben wohl die schönste Lage und zugleich die schönste Aussicht im Gebiete Tsingtau.

22. Von Tsingtau zum Moltkeberge.

(Entfernung 4000 m).

a) Über die Ostpaßstraße mit Rikscha bis zum Moltkeberge 2 1/2 km, um den ein Fußweg führt. Südlich vom Berge liegt ein Pulverhaus, bei interessanten zackigen Ravinen; östlich liegen militärische Baracken, an beiden Plätzen je 2 Stauweiher. Nach NO sieht man Yang tschia tsun und dicht dahinter das neuerbaute Chinesendorf Tai tung-tschen mit seinen rechtwinkligen Straßen.

b) Über Tapautau und das abgebrochene Dorf Hsiau pau tau, von dem noch ein zerfallener Tempel

und ein schöner Totenhain erhalten ist, zum SW-Fuße des Moltkeberges, 3 km. Der Moltkeberg ist 80 m hoch und gibt den besten Überblick über den nordwestlich liegenden großen Hafen. Vom Moltkeberge nach Tai tung tschen mit seinem interessanten Markte (2 km). Nordwestlich bei Tai tung tschen der chinesische Friedhof. Von Tai tung schen über Sau tschu tan (mit sehr schönem Totenhaine im W) nach der Eisenbahnstation Syfang über den Haipo-Fluß mit Pumpstation des Tsingtauer Wasserwerkes (3 km). Das Wasser des Haipo fließt unterirdisch im Sande.

23. Nach Tapautau und dem kleinen Hafen.

(Entfernung 1—2 km)

Mit Rikscha. Der große Vorzug Tsingtaus vor anderen chinesischen Küstenstädten ist der, daß die chinesische Niederlassung von der europäischen vollkommen getrennt ist. Tapautau ist der Wohnort der Chinesen. Ta heißt groß; pau bedeutet getrocknete Fische und dgl.; tau bedeutet Insel wie in Tsingtau. Der Weg zum kleinen Hafen führt an der Markthalle (rechts) und am chinesischen Telegraphenamte (links) vorbei. Interessant ist das Treiben der Chinesen in den Läden, die der Deutsche besichtigen kann, ohne das Geringste zu kaufen, und am Südostufer des kleinen Hafens. Auf der Höhe nordöstlich von Tapautau sieht man die

evangelischen Missionen, noch weiter liegt das Chinesenlazarett.

Der kleine Hafen mit der Tapautaubrücke (ma tu) dient für Dschunken, kleinere Handelsschiffe und dgl., häufig legen auch Torpedoboote an der Brücke an. Es ist außerordentlich interessant, das chinesische Handelstreiben hier zu beobachten. Im Süden die Maschinen- und Schiffsbauanstalt von Franz Oster.

24. Von Tsingtau-Brücke nach dem großen Hafen über die evangelische Mission.

(Entfernung 3200 m).

Man biegt vom Kaiser-Wilhelm-Ufer in die Bismarckstraße ein und folgt dieser nach Norden. Kurz vor dem Lazarett beginnt die Straße steil anzusteigen und fällt bis zu ihrer Kreuzung mit der nach dem Dorfe Tai tung tschen führenden Straße allmählich ab. Ungefähr $1/2$ km vor dieser Kreuzung biegt ein Fahrweg nach dem Gebäude der Artillerieverwaltung und den Niederlassungen der beiden in Tsingtau ansässigen evangelischen Missionen ab. Es sind diese die evangelische Mission Berlin I, (Vorsteher Missionssuperintendent Voßkamp) und der allgemeine evangelisch-protestantische Missionsverein (Vorsteher Pfarrer Wilhelm).

Die Mission Berlin I steht auf orthodox lutheri-

schem Standpunkt und hat sich zur Hauptaufgabe die Sammlung einer Christengemeinde im deutschen Schutzgebiet und den angrenzenden Kreisen gemacht. Diesem Zwecke dienen die Kapellen dieser Gesellschaft in Tapautau, Tai tung tschen und Li tsun. Mit der Station ist eine deutsch-chinesische Schule verbunden, deren Lehrplan den Unterricht in der deutschen Sprache, im Rechnen, Geographie, den chinesischen Klassikern, in der biblischen Geschichte und dem Katechismus begreift. In Tsimo ist eine zweite Station mit zwei europäischen Kräften eröffnet.

Der allgemeine evangelisch - protestantische Missionsverein hat sich neben der Missionsaufgabe im engen Sinne auch der Förderung der wissenschaftlichen Sinologie zur Aufgabe gemacht. Der verstorbene frühere Leiter dieser Mission Dr. E. Faber, dessen Denkmal auf dem Tsingtauer Friedhof steht, war eine anerkannte Größe in Erforschung der chinesischen Literatur, er war außerdem auf botanischem Gebiete für Schantung bahnbrechend. Sein Vermächtnis ist das im Jahre 1900 eröffnete chinesische

Faber - Hospital.

Es wird von dem allgemeinen evangelisch - protestantischen Missionsvereine unterhalten. Chinesen werden darin unentgeltlich aufgenommen. Die jährliche Frequenz beträgt 4000. Leiter ist Missions-

Totenhain (Schantung-Eichen) bei Hsiau pau tau.

arzt Dr. Dipper. Das Hospital besteht aus 9 Gebäuden, von denen 5 zur Unterkunft von Kranken dienen. Seit einer Reihe von Jahren hat der Verein in Tsingtau ein deutsch-chinesisches Seminar mit einer kaufmännischen und einer wissenschaftlichen Abteilung eröffnet. Eine Außenstation befindet sich in Kaumi, wo ebenfalls eine deutsch-chinesische Schule und ein Hospital unter europäischer Leitung sich befinden. Besuch der Missionsschulen und des Hospitals jederzeit nach vorheriger Anmeldung bei den Vorstehern gestattet.

Kurz nach der Kreuzung der Straße mit dem Wege nach Tai tung tschen steigt sie wieder etwas steil an; rechts von ihr lag früher das Chinesendorf Hsiaupautau; als historische Merkwürdigkeit ist der Tempel inmitten einer schönen Baumgruppe stehen geblieben. Kurz darauf auf dem Hügelrücken erheben sich die Wohn- und Bureaugebäude der Firma Vering, der der Ausbau des großen Hafens übertragen ist. Von hier führt die Straße allmählich wieder bergab bis zu dem großen Hafen, an dem sich das Hafen-Verwaltungsgebäude rechts von der Straße erhebt.

Der zweite, nähere, aber nicht so hübsche Weg führt durch die Friedrich- und Schantungstraße am kleinen Hafen vorbei, kurz vor dem Gebäude der Bauverwaltung I biegt die neue Hafenstraße nach der Hafenmole ab.

Totenhain bei Sau tschu t'an.

25. Von Tsingtau-Brücke nach Syfang.

(Entfernung 7000 m).

(Zu Fuß, zu Pferde, Rikscha und Wagen).

Der nächste und bequemste Weg führt das Kaiser Wilhelm-Ufer und die Bismarckstraße entlang am Lazarett vorbei bis zur Straße, die kurz vor dem Hsiaupautau-Tempel nach Tai tung tschen abbiegt. Auf dieser Straße passiert man zunächst eine hölzerne Brücke ohne Geländer, steigt einen steilen Hügel hinan und wendet sich dann halblinks nach Nordwesten, indem man dem nach dem Dorfe Sautschutan führenden Wege folgt. ($1\frac{1}{2}$–2 km von hier). Schöner Totenhain. Durch die Hauptstraße dieses Dorfes führt der Weg weiter, nach ca. 1 km durchschreitet man den Hai po-Fluß, der nur zur Regenzeit Wasser enthält, jedenfalls mit Pferd und Gefährt jederzeit zu passieren ist, und erreicht nach ca. $1\frac{1}{2}$ km das Dorf Syfang. Ganz in der Nähe liegt das Garten-Restaurant „Paradies Garten", in dem des Sonntags gewöhnlich Nachmittags Militärkonzert stattfindet. Gute Speisen und Getränke sind dort jederzeit zu erhalten. Will man das Barackenlager der 3. Kompagnie des 1. Ostasiatischen Infanterie-Regiments in Syfang aufsuchen, so folgt man dem Wege weiter durch das Dorf Syfang; hat man die kleine, nur einige Häuser enthaltende Dorfstraße paßiert, so sieht man die Baracken schon vor sich liegen.

Restaurant Paradiesgarten in Syfang.

26. Von Tsingtau nach Ts'ang k'ou.

(Entfernung 15 km).

Mit der Eisenbahn, 17 km in ca. 40 Minuten oder mit Sampan bei günstigem Winde und Flut. Bei Ebbe ist ein etwa 1 km breiter Streifen des

Hafen von Ts'ang k'ou.

Strandes vom Wasser entblößt und schlecht passierbar. Auch mit Rikscha bis Syfang, von da zu Fuß über Schui tsching kou westlich vorbei an Yen t'an über den Li tsun-Fluß mit seinen gewaltigen Sandmassen, in denen das Wasser unterirdisch fließt, nach Ts'ang k'ou (von Syfang noch 9 km). — Oder von Tsingtau zu Pferde oder mit Rikscha

nach Tai tung tschen (4 km), von da über Tung wu tschia ts'un, T'ang tschia kou, Pau erl (herrlich gelegenes Dorf mit reizenden Baumgruppen), Ho hsi, Ho yai, dann über den Tschang ts'un-Fluß und Ho tung, Ho nan nach Li ts'un, von Tai tung tschen, 13 km. Der Weg führt durch malerische Dörfer; gute Fernsicht aufs Gebirge. Von Li ts'un nach Ts'ang k'ou 5 km. Vor Ts'ang k'ou liegt die 1903 vollendete große Seidenfabrik der „Deutsch-chinesischen Seiden-Industrie-Gesellschaft" (Kolonialgesellschaft), deren Besichtigung jedoch nicht gestattet ist.

27. Von Tsingtau nach Li ts'un.

(Entfernung 15 km).

Siehe vorige Tour; auch mit der Eisenbahn bis Ts'ang k'ou und von da zu Fuß in einer Stunde. Li ts'un (Dorf der Familie Li oder Pflaumendorf), großer Marktflecken (1000 Einwohner) an beiden Ufern des nach SW fließenden Li ts'un-Flußes, dessen breites Sandbett nur selten Wasser führt. Hier ist sechsmal im chinesischen Monat Markt auf dem Flußbette. Seit 1899 besteht hier ein Bezirksamt, jetzt in einem schönen Gebäude, 600 m nordwestlich von Li ts'un auf einer Anhöhe mit prächtiger Aussicht; ferner evangelische Mission, Kapelle und Schule; Chinesengefängnis. 2 km südwestlich von Li ts'un am rechten Ufer des Flußes bei dem

Totenhain in Tschiu schui im Tschu wo-Tale.

Tschu wo-Tal unterhalb Tschiu schui.

Dorfe Tsch'ü ko tschuang befinden sich die sogen. Mandarinengräber der Familie Wang; es sind steinerne Erinnerungstore, Tier- und Menschenfiguren aus der Zeit des Kaisers Yung tscheng (1723—1736), sehr sehenswert. 3 km südöstlich von Li ts'un die Li ts'uner Höhen mit herrlichem Gebirgspanorama und einer alten Schanze am NO-Ende auf einem 226 m hohen Berge. 5 km nördlich das schwach bewaldete Lau hou-Gebirge mit Blick auf ausgedehnte Obstplantagen im Westen; östlich das schöne Tung liu schui-Gebirge mit einer interessanten Pagode (Feuerturm) am nördlichen Ausläufer Hua yang beim Pai-scha ho-Fluß in herrlicher Gebirgsumgebung. 1 km südlich liegt Lau tschia tschuang mit Grabdenkmalen von Menschen, Pferden und Löwen in Marmor unter herrlichen alten Lebensbäumen. Sehr sehenswert.

28. Von Li ts'un zum Lauschan.

6 km östlich flußaufwärts an der rechten Seite des Flußes über Tscheng t'an nach Hsia ho, von dort 2 ½ km nach Osten über einen 80 m hohen Bergrücken nach dem Tschang ts'un-Fluße und Nan lung k'ou, 2 km weiter östlich zum Tschu wo-Fluße, nördlich am Dorfe Han ho vorbei flußaufwärts in das malerische Lauschan-Tal. Noch 2 km bis Tschiu schui („9 Wasser") kann man reiten; man

LAU SCHAN

Geogr.-lith. Anst. u. Steindr. v. C. L. Keller, Berlin S.

Maßstab 1: 50 000

1000 500 0 1000 2000 3000 4000 5000 Meter
1000 500 0 1000 2000 3000 4000 5000 6000 Schritt
1 3/4 1/2 1/4 0 1 2 3 4 5 6 7 8 9 Chin. Li

Tschu wo (Lauschan)-Tal unterhalb Tschiu schui.

sende von hier aus die Pferde nach Li ts'un zurück. Tschiu schui ist sehr malerisch zwischen bewaldeten Höhen gelegen; interessanter Friedhof mit hohen Bäumen; der Weg führt durch ein Holztor, das Nachts geschlossen wird. 2 km flußabwärts (NO) von Tschiu schui der Tempel Tschiu schui an mit herrlichem Bambushain. 4 km flußaufwärts der Tempelpaß, 447 m hoch. Hier ist 1903 das Genesungsheim für das Kiautschougebiet in einer majestätischen Gebirgsumgebung errichtet worden; herrlicher Blick in das Lauschantal; im Hintergrunde das Meer. Es geht vom Genesungsheim aus 2 km bergab über Kuan lau schy wu ins Pai scha ho-Tal nach Pai tschiu schui miau (nördlicher neun Wasser-Tempel), auch Sung tschu t'ang (Kiefern- und Bambushalle) genannt nach den herrlichen Kiefern- und Bambuspflanzungen, von denen er umgeben ist. Südlich von dem Kloster, wo die Flüsse zusammen fließen, liegt malerisch das im Herbst 1903 von dem Oberrichter Dr. Crusen erbaute Landhaus.

29. Von Pei tschiu schui miau nach Ta lau kuan.

Im Tale des Pai scha ho (Felsentale) abwärts etwa 10 km. Schwieriger, aber schöner Weg, der verschiedentlich das Bett des Flußes überschreitet und durch herrliche Baumgruppen führt. Nur in der trockenen Jahreszeit ausführbar. Im Ta lau

Bambushain und Lehrer des Tempels Pei tschiu schui miau.

Villa Crusen bei Pei tschiu schui miau.

kuan (Kloster) kann man übernachten. Ausflüge nach Osten zum Sturzpaß (etwa 6 km, 482 m hoch, Grenze des deutschen Schutzgebietes) von wo der Weg weiter führt nach Wang ko tschuang und Au schan wei. Nach der Pagode und den Mandarinengräbern bei Lan tschia tschuang 6 km flußabwärts. Von da zum Tung liu schui, zum Schy men (Steintor), 800 m hoch, mit dem Tempel Schy men miau, 326 m hoch, etwa 6 km.

30. Von Pei tschiu schui miau nach Scha tsy k'ou.

1 1/2 km südöstlich liegt Schuang schy wu, von da 2 km weiter zum Tempel Waldfrieden, wo man übernachten kann. (Von Li ts'un bis hierher ein Tag). Hier sind herrliche Kiefern-Hochwälder und ein dichter Bambushain; das schönste, was man an Wäldern in der Umgebung Tsingtaus sehen kann. Von Waldfrieden den blau gezeichneten Weg über den Kuhpaß (961 m hoch, deutsche Grenze, Grenzstein Nr. 5); der Weg hat Aussicht auf das Meer; ca. 4 km von Waldfrieden. Weiter über die Fünffingerspitze zum Lau ting, höchsten Berge des Lauschan mit 1130 m (auf chinesischem Gebiete!) In Schantung ist nur der Tai schan mit 1550 m höher. Weiter zur Irene-Baude. Dieses Haus ist vom Bergverein Tsingtau im Jahre 1899 erbaut worden, 1902 neu errichtet und bietet bequeme Unterkunft. Im Sommer ist es stets geöffnet; in

Tempel Waldfrieden.

Führer v. Tsingtau u. Umgebung

Fou schan sc

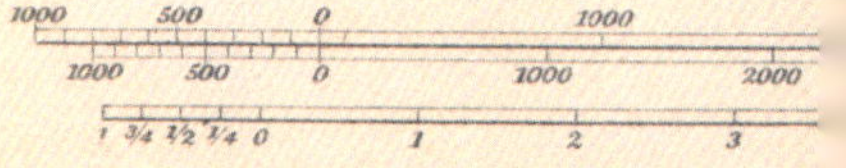

Schy lau jen

Plan 3

der übrigen Zeit muß man sich den Schlüssel vom Bezirksamte Li ts'un oder vom Hôtel Krippendorf in Tsingtau geben lassen. — Von der Irene-Baude nach Süden durch das Prinzental abwärts über Teng yau nach Scha tsy k'ou (ca. 20 km), oder durch das Lauschantal über Tschiu schui zurück.

Irene-Baude, 740 m hoch im Lauschan gelegen.

Vom Bergvereine sind im Lauschan bis 1903 folgende Wege markiert worden:

Von Scha tsy k'ou nach Irene-Baude*) blau
von Ta lau kuan nach Pei tschiu schui miau**) rot
von Schuang schy wu nach Pei tschiu schui miau rot

*) Über Teng yau. **) Durch das Felsental.

von Schuang schy wu nach Waldfrieden	rot
von Schuang schy wu nach Irene-Baude *)	grün
von Waldfrieden nach Lau ting	rot
von Waldfrieden über Kuhpaß nach Lau ting	blau
von Irene-Baude nach Lau ting	grün
von Lau ting über Ming hsia tung nach Tai tsching kung	rot

Irene-Baude des Bergvereins Tsingtau.

von Lau ting über Schang tsching kung nach Tai tsching kung	grün
von Irene-Baude nach Genesungsheim	weiß

*) Durch das Felsental.

31. Tsingtau — Prinz Heinrich Berge.

(Entfernung 11 km).

Zunächst über Kaiser Wilhelm- und Auguste Viktoria-Ufer an der Auguste Viktoria-Bucht vorbei nach den Iltiskasernen, an deren nördlicher Seite auf gut angelegtem Wege nach dem Dorfe Tschan schan und von dort weiter nach dem einst als Marktplatz blühenden Fu schan so. Den Namen hat der Ort von dem Fu schan, wie früher die Prinz Heinrich Berge hießen. Die Worte fu schan bedeuten: Der in der Luft schwebende Berg. Von Fu schan so wählt der Reiter und Fußgänger besser den etwas beschwerlicheren aber romantischen Weg durch die Felsenschluchten, über Ta yau (großer Brennofen), der zu Wagen Fahrende lieber den guten Fahrweg über Hsiau yau (kleiner Brennofen) nach dem von hier aus noch 5—6 km. entfernten Tempel Huang tsau an (gelber Grastempel). Der Tempel liegt in einem schattigen, lauschigen Tale, durch das sich ein munterer Bach schlängelt. Nur einige Minuten entfernt vom Tempel, der als solcher nicht mehr benutzt, aber von Tempelhütern bewacht wird, liegt ein dem Kaiserlichen Gouvernement gehöriges Landhaus, das im Jahre 1899 für Vermessungszwecke errichtet wurde. Für Ausflügler, die länger als einen Tag in den Prinz Heinrich Bergen zu verweilen gedenken, ist dieses Haus ein

willkommenes Nachtquartier (Betten und Mundvorrat sind mitzunehmen); im Hause hält sich stets ein deutscher Wachtmann auf. Von hier aus sind die zackigen Höhen der Prinz Heinrich Berge in ca. 1 Stunde bequem zu erklimmen. Von der Spitze (ca. 324 m hoch) hat man einen unvergleichlich schönen Blick nach beiden Seiten in das Land hinein und auf das Meer. Dicht unter den Gipfeln des Berges liegt $1\frac{1}{2}$ km nordöstlich von Huang tsau miau in einer jähen Talmulde ein weiterer von einer hohen Granitmauer umgebener Tempel, der Fu schan miao.

32. Zum Kaiserstuhl

führt der Weg von den Prinz Heinrich Bergen nach Nordosten über zwei kleine Flüsse durch eine Talmulde. Der Kaiserstuhl heißt auf chinesisch Wu schan oder Nebelberg, und bietet eine hervorragende Aussicht auf das Meer im Süden und Osten und auf den Lauschan im Nordosten. Unterhalb der höchsten Spitze liegt malerisch in einem Tale (etwa 160 m hoch) gegen die Westwinde geschützt der Tempel Schy yüen miau (Steinhoftempel). Unterhalb dieses Tempels liegen Schy wan und das größere Dorf Tschiang ko tschuang. Vom letztgenannten Dorfe 500 m nordöstlich zur Militärstation Neu Scha tsy k'ou und zur Scha tsy k'oubucht mit herrlichem Badestrande. Östlich an den

Geogr.-lith. Anst. u. Steindr. v. C. L. Keller, Berlin S.

Kaiserstuhl grenzt der „kleine Lauschan“ mit dem 251 m hohen Yen t'ai t'ing (Rauchhöhenspitze), von der früher Feuersignale gegeben worden sind.

33. Von Tsingtau nach Scha tsy k'ou.

(Entfernung 22 km).

Zunächst nach Taitungtschen, dann nordöstlich weiter über Hsi wu tschia ts'un, Tung wu tschia ts'un, von dort nach Osten zu dem Tempel Yü kuan, sodann nach Osten weiter nach der Waldersee-Höhe mit herrlicher Aussicht auf die zackigen Prinz-Heinrich Berge und nun entweder über Tschang ts'un und von da nach Westen über Tschai ko nach Scha tsy k'ou oder von der Waldersee-Höhe über Fu schan hu, Ta pu tung, Hsiau pu tung, Tschin tschia ling und Schy lao yen (Altermann-Felsen) südlich am Kaiserstuhl vorbei über Tschiang ko tschuang nach Scha tsy k'ou. Ferner kann man von Tsingtau über die Iltiskasernen, Fu schan so südlich von den Prinz Heinrich Bergen und vom Kaiserstuhl nach Scha tsy k'ou gelangen. Auf dem ganzen Wege hat man herrlichen Ausblick auf das Meer. Zwischen Tschiang ko tschuang und dem Detachement Scha tsy k'ou sind schöne Obstplantagen und Denksteine. Südöstlich von der Militärstation liegt der Tempel Hai miau (Meerestempel) mit interessanten Gemälden und Figuren und ein altes Kastell aus chinesischen Zeiten.

Dorfstraße in Tschiang ko tschuang bei Scha tsy k'ou.

34. Nach Nü ku k'ou.

(Entfernung 23,5 km).

Mit der Eisenbahn nach der ersten Station auf chinesischem Gebiete, Tschau ts'un, 26 km, in 50 Minuten. Von der einsam im Felde liegenden Station über das Dorf gleichen Namens nach Süden und über den großen Pai scha ho (weißen Sandfluß) nach Nü ku k'ou (Jungfern- oder Nonnen-Hafen). Südlich bei diesem Dorfe an der Kiautschou-Bucht der 62 m hohe, weithin sichtbare Nü ku schan (Nonnenberg) mit dem Tempel der „Tien hou" (Himmelskönigin), der interessante Figuren von Gottheiten enthält und eine weite Rundsicht bietet. In dem Dorfe Station des chinesischen Seezollamtes. Von Nü ku k'ou mit einem Sampan nach der 4 km entfernten

35. Insel Yin tau,

die etwa 7 km im Durchmesser hat und ziemlich flach ist. Die höchste Erhebung beträgt 60 m. Auf der Insel, die außer einigen Tempeln wenig Interessantes bietet, liegen 15 Dörfer. Die Insel ist bei Ebbe mit dem Lande nach Norden verbunden.

36. Hai hsi.

D. h. westlich vom Meere, heißt die zum deutschen Schutzgebiete westlich von der Kiautschou-

Bucht gehörige Halbinsel. Der nordöstlichste Punkt ist Kap Jäschke benannt. Die Entfernung von Tsingtau nach Kap Jäschke beträgt 6 km und ist je nach der Windrichtung mehr oder weniger schnell im Sampan zurückzulegen. Südwestlich bei dem Kap fällt ein isolierter, 68 m hoher Bergkegel auf, der von Tsingtau aus zu sehen ist; es ist der Granitberg „Tsching schy schan“ (grüner Steinberg) bei dem Dorfe Pei tschuang. Man kann auch mit Sampan bis zum Hafen von Hsüe tschia tau fahren, dem größten Orte mitten auf der Halbinsel. — Deutsche Polizeistation. Von dort 4 km westlich zur Grenze des Schutzgebietes, die ein alter versandeter Kanal zwischen dem Arkona-See und der Kiautschou-Bucht bildet. Von hier 6 km weiter nach der Stadt

37. Ling schan wei

(Entfernung 32 km)

am Fuße des herrlichen 700 m hohen Hsiau Tschu schan (kleines Perlgebirge). Es ist das Gebirge, das man von Tsingtau aus hinter der Kiautschou-Bucht im Westen sieht. Nach Ling schan wei fährt man direkt von Tsingtau mit einer Pinasse in $2^1/_2$ Stunden. Die Einwohner der Stadt treiben ausgedehnten Gemüsebau auf sorgfältig gepflegten Feldern. In der Umgebung sind auf halber Höhe

Kap Jaeschke

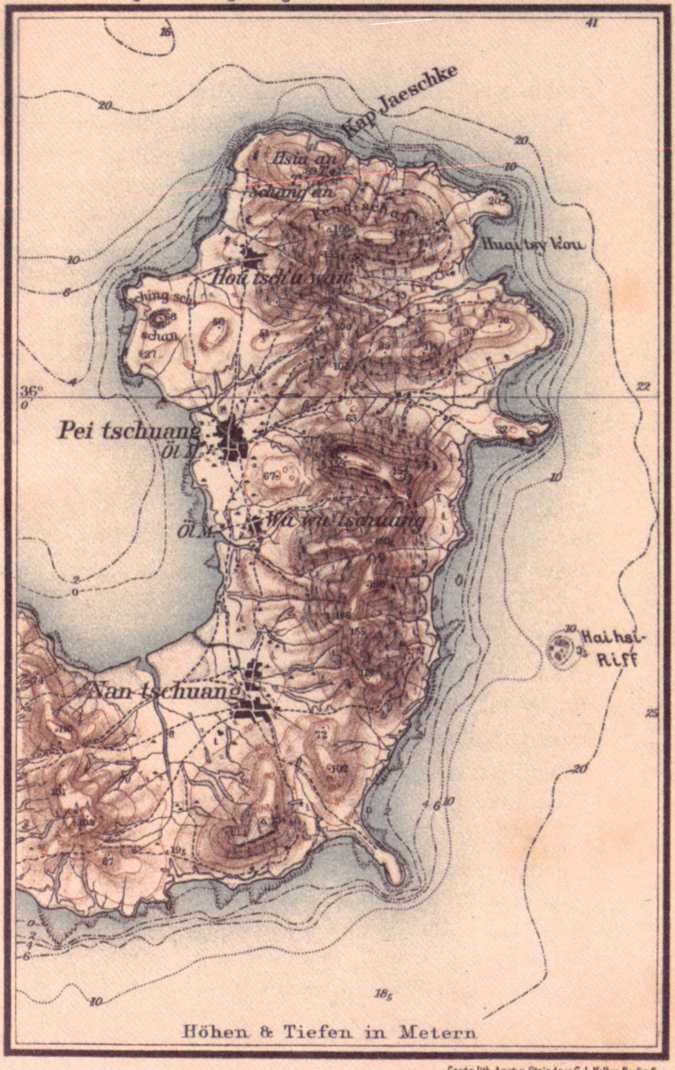

Maßstab 1 : 50 000

Geogr.-lith. Anst. u. Steindr. v. C. L. Keller, Berlin S.

1000 500 0 1000 2000 Meter

1000 500 0 1000 2000 Schritt

1 3/4 1/2 1/4 0 1 2 3 4 Chin. Li

der Berge Baumschulen eingerichtet, von denen für die Aufforstungen der Chinesen die erforderlichen Laub- und Nadelhölzer geliefert werden. Die Hauptverkaufszeit ist Mitte März. Noch weiter westlich liegt das (in Wirklichkeit kleinere) „Große Perlgebirge“ Ta tschu schan. Die Täler des Perlgebirges sind sehr malerisch. Von der Spitze des kleinen Perlgebirges, dem Ta mo schan, ist eine herrliche Rundsicht über die Kiautschou-Bucht.

38. Tschu tsch'a tau.

(Entfernung 13 km.)

Östlich von Hai hsi liegt eine von Tsingtau aus sichtbare Gruppe von 4 flachen Inseln, auf englischen Karten Round J. bezeichnet. Die westliche, größte, ist 1 km lang und 40 m hoch; auf ihr findet sich das ärmliche, selten von Europäern besuchte Dorf Tschu tsch'a-tau. Bei Ebbe kann man trockenen Fußes von dieser Insel zu der weiter östlich gelegenen, unbewohnten, 56 m hohen Insel Pin liu tau gehen. Noch weiter liegen die beiden Felseninseln Lien tau. Die Inseln sind geologisch interessant (der einzige Punkt des Schutzgebietes, an dem Gneiss vorkommt). Malerische Felsenküsten mit merkwürdig gefalteten und vom Wasser zerfressenen Schichten.

Landungsplatz bei Tai tsching kung.

39. Die Insel Schui ling schan,

(Entfernung 33 km)

fälschlich To lo san genannt, ist der südlichste Teil und zugleich die schönste Insel des Schutzgebietes. Sie liegt 35 km südlich von Tsingtau und ist ca. 5 km lang, 3 km breit und 482 m hoch. Die steile Südspitze erinnert an Helgoland. Auf der Insel liegen an der West- und Ostseite 17 Dörfer, zum Teil mit malerischen Baumgruppen. Bei Westwind lande man in Ku pei ye an der Ostküste, bei Ostwind in einem der kleinen Häfen bei Tschu tschüen oder Hsin tschuang an der Westküste. Der letztgenannte Ort ist der südlichste der Insel. Von dort aus führt ein Weg mit herrlicher Aussicht, zum Teil unter überhängenden Felswänden in großer Höhe nach Süden, andererseits ein bequemer Fußweg durch die verschiedenen, sämtlich am Strande liegenden Dörfer nach Norden bis zum nördlichsten Dorfe T'ang tsch'üen. Von diesem Orte aus sieht man im Süden eine Felsbildung, die an einen Elefantenrüssel erinnert. Der Weg geht dann über einen 88 m hohen Paß zu den östlichen Dörfern. Ohne Weg kann man auch über die Höhen südlich um die Insel gehen. Die Insel ist geologisch der bei weitem interessanteste Teil des Schutzgebietes. Die Basis besteht aus Carbonschichten, darüber liegen Diabas- und Porphyrdecken. Interessante Konglo-

Landungsplatz bei Tai tsching kung.

Tempelhof in Tai tsching kung.

merate, Faltungen und Gangbildungen. Die Insel ist von Tsingtau aus zu sehen, wenn man vom Badestrande zu den Iltisbergen geht.

40. Tai kung tau

(Entfernung 20 km)

ist die vulkanförmige Insel im Westen, sie ist unbewohnt, nur $1/2$ km lang, 126 m hoch und schwer zugänglich. Sie besteht aus älteren sedimentären Gebirgsschichten, die eine auffällige Streifung und bunte Färbung zeigen. Die Insel

41. Tscha lien tau

liegt 50 km östlich von Tsingtau; sie ist nur bei ganz klarem Wetter zu sehen und bildet den östlichen Teil des Schutzgebietes. Ein kahler, langgestreckter Granitfelsen, $1\,1/2$ km lang, 71 m hoch; auf der Höhe seit Oktober 1903 ein Leuchtfeuer auf einem 15 m hohen Turme, 80 m über Hochwasser. Das weiße Petroleum-Glühlicht gibt alle 10 Sekunden einen kurzen Blitz.

42. Tai tsching kung.

(Entfernung ca. 30 km).

Etwa 30 km nordöstlich von Tsingtau liegt Kap Ya tau, der östlichste Ausläufer des Lau schan. 4 km westlich von diesem Kap liegt inmitten steiler

Insel Schui ling schan

Führer v. Tsingtau u. Umgebung — Plan 7

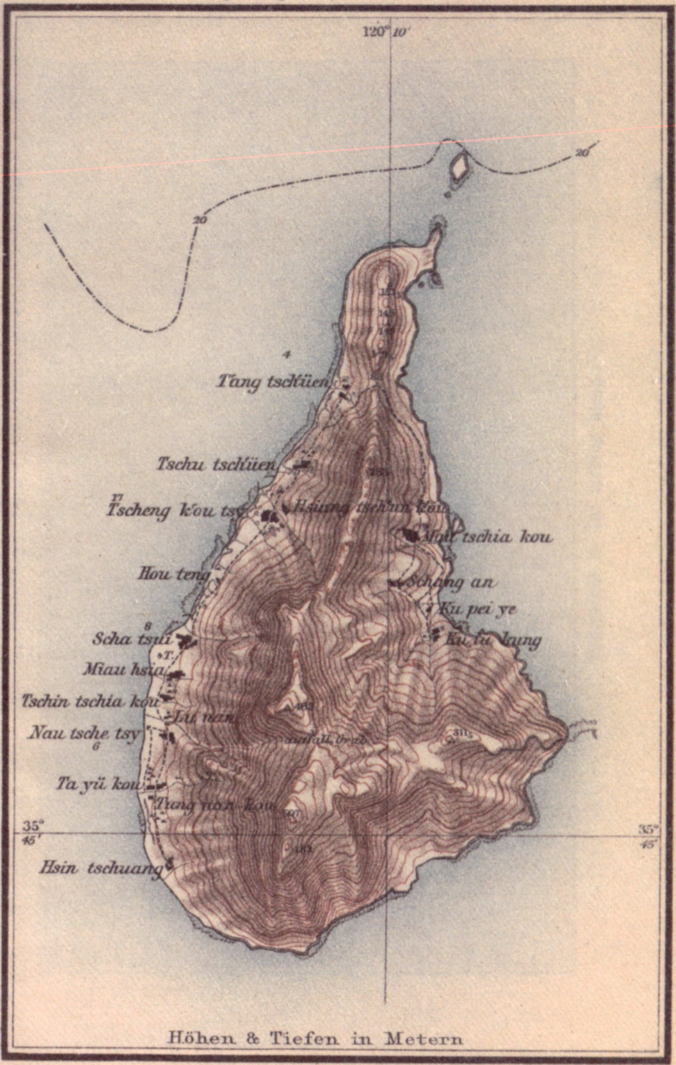

Maßstab 1 : 50 000

Geogr.-lith. Anst. u. Steindr. v C. L. Keller, Berlin S

1000 500 0 1000 2000 Meter

1000 500 0 1000 2000 Schritt

1 3/4 1/2 1/4 0 1 2 3 4 Chin. Li

Tempelhof in Tai tsching kung.

Waldpartie bei Tai tsching kung.

Granitberge eine idyllische Meeresbucht, die landschaftlich wohl das schönste bietet, was man von Tsingtau aus auf einer Tagestour genießen kann. Es sind die Bambus- und Kiefernwälder des Klosters Tai tsching kung. In dem Kloster kann man übernachten. 3 km nach Nordosten über den Kloster-

Am Meeresstrande; Lauschanbucht.

paß nach dem malerischen Dorfe Tsching schan mit Bambus- und Kiefernhainen und einem schönen Badestrande, der vielleicht noch einmal eine Zukunft hat. Von Tai tsching kung 3 km nach Norden oder von Tsching schan ebensoweit westlich zum Kloster Ming hsia tung, ebenfalls mit herrlichem

Szenerie bei Tsching schan.

Hafen von Tsching schan.

Kiefern- und Bambushain. Von hier aus 4 km nordwestlich liegt der 1130 m hohe Lau ting, der höchste Berg des Lauschan.

Der Weg von Tai tsching kung nach Tsching schan bildet die Grenze zwischen dem Granite des Lauschan und den sedimentären Schichten des Kap Ya tau, die durch den Granit in Hornfels umgewandelt, aber noch deutlich geschichtet sind; eins der großartigsten Beispiele der „Kontaktmetamorphose“ in der Welt. Auf dem Klosterpaß findet man oft Gesteinsstücke, die aus zusammengeschmolzenem Granit und Hornfels bestehen. Auch Quarzkrystalle sind hier, wie überhaupt im Lauschan, häufig.

43. Von Tsingtau zum Pai scha ho-Tale.

Mit der Eisenbahn nach Tschau tsun-Nü ku k'ou, der ersten Station auf chinesischem Gebiete, 26 km. Abfahrt 7 Uhr Morgens, Ankunft 7 Uhr 51 Morgens (Rückfahrt 5 Uhr 40 Nachmittags, Ankunft in Tsingtau 6 Uhr 31 Abends). — Von der einsam im Felde liegenden Station 600 m südlich von der Eisenbahn zurück, sodann nach Osten über Pai scha „(weißer Sand“), Liu ting nach Hua yin durch Dörfer mit malerischen Baumgruppen, 15 km. Hier tritt der Weg ins Gebirge und wird ungemein malerisch. 1 km südwestlich von Hua yin liegt eine Pagode auf einem Hügel am linken Pai scha

Geogr.-lith. Anst. u. Steindr. v. C. L. Keller, Berlin S.

Maßstab 1: 50 000

1000 500 0 1000 2000 Meter

1000 500 0 1000 2000 Schritt

1 3/4 1/2 1/4 0 1 2 3 4 Chin. Li

Pä fang bei Hua yin im Pai scha ho-Tale.

Pagode bei Yang tschia ts'un im Pai scha ho-Tale.

Grabdenkmal aus Marmor bei Lan tschia tschuang im Pai scha ho-Tale.

ho-Ufer. — In der ersten Granitfelsenwand links am Wege befindet sich ein Loch, in das chinesische Ehepaare und solche, die es werden wollen, Steine werfen. Bleibt der Stein des Mannes zuerst in dem Loch liegen, so bekommt das Ehepaar einen Knaben, im umgekehrten Falle ein Mädchen. Große Mengen Steine liegen vor dem Felsen. In der Nähe ein prachtvolles Erinnerungstor (Pä fang), durch das der Weg führt, und unter schattigen Kiefern der Tempel Kan kung tsy. Hinter Yang tschia tsun überschreitet der Weg den Pai scha ho-Fluß. Man sieht schon eine zweite Pagode auf dem Berge (von Hua yin 3 km); noch $1\frac{1}{2}$ km weiter zu den herrlichen Marmorgräbern bei Lan tschia tschuang. Ein tüchtiger Fußgänger kann den Weg von Tschau tsun nach hier und zurück in einem Tage machen. Man kann auch nach dem Tempel Schy men miau (5 km) oder nach Li ts'un (ca. 17 km) gehen oder reiten, oder nach Osten hinauf das Pai scha ho-Tal, das unten den Namen Irenetal, oben, wo es eng und felsig ist, den Namen Felsental führt. Von der Pagode nach dem Kloster Ta lau kuan ca. 7 km. Hier kann man übernachten. Noch 6 km im Felsentale aufwärts zum Tempel Pei tschiu schui miau, wo man ebenfalls übernachten kann (s. d.)

Felsental des Pai scha ho bei Ho tung.

44. Von Tsingtau nach Tscheng yang und Tsimi.

Mit der Bahn nach Tscheng yang (sprich Tschong yang), der zweiten Station auf chinesischem Gebiete, 31 km von Tsingtau. Abfahrt 7 Uhr Morgens, Ankunft 8 Uhr. Rückfahrt $5^1/_2$ Uhr, Ankunft in Tsingtau $6^1/_2$ Uhr. Etwa 3 km nördlich von der Station an einem Flusse ist ein zerfallener Tempel und ein Grabplatz mit interessanten Steinfiguren von Menschen und Tieren unter alten Lebensbäumen und Kiefern. Der Weg führt über Tscheng tsy; man frage nach dem Tempel Schy tscha miau = Steinbrückentempel und den Steinmenschen (Schy tu jin); ein Kuli wird für 10 ct. gern den Weg zeigen. 5 km unterhalb des Tempels an der Mündung des Flusses Schy tscha ho sind alte Salzpfannen; hier wurde früher Salz gewonnen durch Verdunstung von Meereswasser. Sehr lohnend ist der etwa 15 km weite Weg von Tscheng yang nach Tsimi (die Aussprache Tsimo ist hier unbekannt), der per Rad in einer Stunde zurückgelegt werden kann; am Bahnhofe kann man auch Esel mieten (1 Tag 60 ct. mit Führer), die den Weg in 3 Stunden zurücklegen. Tsimi ist mit seinen gut erhaltenen gewaltigen Stadtmauern, auf deren Höhe man einen vorzüglichen Rundgang machen kann, das Urbild einer Chinesenstadt. Interessante Tempel; in dem Tschang huang miau (gelber Stadttempel) sind figürlich die

Straße mit Pä fang in Tsi mi.

Höllenqualen grausig dargestellt. Ferner ein Konfuziustempel (K'ung scheng miau). In der Stadt befindet sich eine gute Herberge, wo man übernachten kann. Auf der Schy tse tiä eine ganze Reihe steinerner Erinnerungsbogen (Pä fang).

45. Von Tsingtau nach Kiautschou.

(Per Bahn 73 km, Fahrzeit ca. 2 Stunden.)

Abfahrt Tsingtau 7 Uhr früh, Abfahrt Kiautschou 4 Uhr Nachmittags.

Vom Bahnhofe führt ein Fahrweg zum Nordtore der Stadt. Gleich innerhalb des Nordtores liegt links eine frühere chinesische Ölmühle, die später von der Eisenbahn angekauft und als Wohngebäude für deren Beamten eingerichtet wurde. Rechts sieht man einen kleinen Tempel liegen, der vom Detachementsarzt zu einem Hospitale für chinesische Kranke hergerichtet ist. Es bietet hülfsbedürftigen Chinesen in Krankheitsfällen unentgeltlich ärztliche Hilfe und hat viel Zulauf. Östlich davon liegt das deutsche Postamt, nördlich vom Bahnhofe die Kaserne des deutschen Detachements. In der westlichen Vorstadt liegt der Tempel des Stadtgottes. Im Innern hängt über der Türe eine große chinesische Rechenmaschine. Im 2. Hofe ist die Theaterbühne. In den Seitengebäuden sind die Höllenstrafen drastisch dargestellt. Nach Norden

liegt das Hauptgebäude, durch ein Gitter abgesperrt, man kann aber leicht die Schlüssel erhalten, um hineinzukommen. Der Tempel war anfangs in der Stadt selbst erbaut, wurde aber unter dem Kaiser Hung wu 1369 hier errichtet. Bevor man zum Tempel kommt, sieht man rechts (südlich) ein großes Pfandhaus liegen. Geht man von dort aus zur Stadt, so kommt man bei der Biegung nach rechts an dem größten Buchhändlerladen der Stadt vorbei. Tritt man beim Westtore in die innere Stadt hinein, so ist man bald beim Yamen. Gleich in der Nähe riecht man schon auf der Straße den widerlichen Geruch mehrerer Opiumhöhlen. Sie werden von den Unterbeamten sowie dem dienenden Personale im Yamen fleißig benutzt. Das Yamen selbst ist in ziemlich gutem Zustande erhalten. Beim 2. Eingangstore steht rechts und links ein Holzkäfig, in dem schwere Verbrecher erdrosselt werden.

Die Stadt ist sehr klein; vom Yamen aus sieht man gleich das Osttor. In der Straße dorthin stehen viele Denkmäler. Östlich links von der Straße die Prüfungshalle für die Kreisexamina. Außerhalb der Stadt im Osten liegt der **Tempel des Kriegsgottes.** In diesem war für kurze Zeit zu Anfang der Unruhen 1900 das deutsche Detachement.

Folgt man der Straße nach Südosten, so kommt man zum **Tempel der Himmelskönigin.** Rechts von der Straße liegt die deutsch-chinesische Stadtschule.

Sie wurde am 17. Dezember 1902 mit 20 Schülern eröffnet. Am südlichen Ende der Straße liegt links der Eingang zum **Tempel des Konfuzius.** Er ist in der Regel geschlossen. Am 1. und 15. des chinesischen Monats muß in diesem Tempel der Kreismandarin dem „Muster der Lehrer aller Zeitalter",

Kamel-Karawane in Kiau tschou.

wie Konfuzius auf der Ehrentafel über dem Eingange des Hauptgebäudes genannt wird, die vorgeschriebene Verehrung erweisen. Die beiden großen Gedenksteine sind zur Zeit Kang hsi's der östliche (rechts) im Jahre 1686, der westliche 1689, errichtet worden. Das Dach des Hauptgebäudes ist aus

glasierten Ziegeln, die noch schön erhalten sind, besonders die schönen Drachenfiguren der Dachfirste.

Im Innern ist der Tempel sehr verwahrlost und schmutzig. Die bekannte Figur des Konfuzius steht in der Mitte, zu beiden Seiten sind die Figuren der 4 vornehmsten Schüler, darunter des Mencius. An den Seitenwänden stehen noch je 5 Figuren anderer Schüler. In den Nebengebäuden sind die Ahnentafeln der 72 Jünger des Konfuzius aufgestellt.

An den Konfuzius-Tempel östlich angrenzend liegt der **Tempel des Gottes der Literatur.** Geht man durchs Südtor und biegt bei der ersten Seitenstraße nach links ab, so kommt man am **chinesischen Telegraphenamte** vorbei zum **Tempel der Himmelskönigin.** Er ist von allen Tempeln am saubersten gehalten. Südlich vor dem Tempel liegt die äußere, beim Haupteingange die innere Theaterbühne. Die Seitengebäude dienen als 7 Logen für die Theaterbesucher.

Vom Tempel der Himmelskönigin kommt man in westlicher Richtung nach dem **Tempel des „Gottes der Reichtümer“.** Unterwegs hat man Gelegenheit die Kupferschmiede bei ihrer Arbeit mit den primitiven Werkzeugen zu sehen, wie sie besonders Opiumlampen fabrizieren, die auswärts sehr gesucht sind. Ferner trifft man mehrere Silberschmiede, die recht hübsche Schmucksachen verfertigen. Der Tempel des Gottes der Reichtümer ist auf seinem

alten Platze im Jahre 1901 erst neu von den Bankiers erbaut. Sowohl die äußere als innere Ausstattung ist prachtvoll. Das Hauptgebäude liegt ausnahmsweise auf der südlichen Seite. In diesem sind 2 reichvergoldete Götterfiguren, die eine rechts für die Zivilisten, die andere links für Militär. Die Nebenfiguren an den Seitenwänden tragen entweder Nachahmungen von chinesischen Silberbarren in der Hand oder haben ein Rechnungsbuch unter dem Arme. Neben dem Tempelgebäude ist im östlichen Hofe (linker Hand) die Börse für die Kaufleute von Kiautschou.

Von dort kann man noch dem Schüler'schen Parke (im Besitz eines reichen Chinesen) mit seinen Bambusstauden und Lotosblumen einen Besuch abstatten.

Unterwegs passiert man den Hinrichtungsplatz für Verbrecher. Für gewöhnlich wird er als Marktplatz benutzt.

Die katholische Mission liegt etwas weit abgelegen im Nordwesten der Stadt. Vom Park aus kommt man in nordöstlicher Richtung wieder auf den großen Weg, der zum Nordtore führt. In der Nähe der Bahn liegt eine kleine Gastwirtschaft, wo auch europäische Getränke, Konserven etc. zu haben sind.

Recht bedauerlich ist es, daß viele durchreisende Europäer wertvolle Kunstschätze aus den Tempeln

Baumgruppen bei dem Detachement in Kau mi.

mitgenommen haben, wie das z. B. von E. v. Hesse-Wartegg in seinem Buche „Schantung und Deutsch-China“ Seite 61 beschrieben ist.

46. Von Tsingtau nach Kau mi*).

Abfahrt von Tsingtau 7 Uhr Morgens, Ankunft in Kau mi 10 Uhr morgens. Rückfahrt von Kau mi

Markt vor der Stadtmauer von Kau mi.

3,22 Uhr Nachmittags, Ankunft in Tsingtau 6,31 Uhr Nachmittags

Je weiter man mit der Eisenbahn in das Innere von Schantung eindringt, desto fruchtbarer wird der Boden und desto schöner die Landschaft. Abge-

*) Kau mi heißt wörtlich: „Hoch aufgeschwemmt“.

sehen von den Lauschantälern bietet Kau mi für eine Gebirgstour von Tsingtau die schönsten Landschaftsbilder. Auf den alten Karten, z. B. von Richthofen, ist kurz vor Kau mi ein Binnensee gezeichnet; dieser ist jedoch nicht vorhanden. Der Bahnhof Kau mi liegt etwa 20 Minuten von der

Götzen in einem Tempel in Kau mi.

Stadt entfernt. Auf dem Wege liegt an einem malerischen Bache das deutsche Gasthaus von Eddelbüttel. Hier kann man übernachten. Gute Verpflegung. 10 Minuten von diesem Gasthofe befindet sich auf einem Hügel das deutsche Militär-Detachement mit schönen Parkanlagen. Die Stadt Kau mi ist interessant durch ihre mächtigen Mauern,

vor denen im Stadtgraben Markt abgehalten wird. Ein solcher Markt bietet ungemein belebte Bilder und gewährt einen guten Einblick in Handel und Industrie der Chinesen. Sehenswert sind auch die Verkaufsläden in den Straßen (insbesondere die der Silberschmiede), die Tempel und Monumente. Rings um die Stadt herum liegt eine Reihe besonders idyllischer Dörfer mit wunderbar schönen Totenhainen und uralten Bäumen. Sehenswert ist ein sogenanntes Mandarinengrab mit schönen Steinfiguren. Es ist schwer zu finden; man lasse sich im Gasthofe oder Detachement einen Führer geben.

47. Das Steinkohlenbergwerk Fang tse

liegt etwa 20 Minuten südlich von der Eisenbahnlinie bei der Station Tschang lo yuen, der neunten Station hinter Kau mi, der vorletzten Station vor Wei hsien, 170 km von Tsingtau. Dort haben die Chinesen bereits seit Jahrhunderten Kohlen gegraben, deren Flötze bis an die Erdoberfläche emporkommen. Richthofen besuchte diese Kohlenfelder am 22. April 1869 und veröffentlichte eine Beschreibung mit Profil im Jahre 1882 in seinem Werke „China", Band II, Seite 210. Die älteren Schächte waren bis 40 m tief und mußten in der Regenzeit verlassen werden. Die karbonischen Gebirgsschichten fallen nach Norden flach ein und

Steinkohlenbergwerk Fang tse der Schangtung-Bergbau-Gesellschaft.

sind von eruptivem Porphyr durchschwärmt, der die Kohle an den Berührungsflächen zum Teil in Koks verwandelt hat. Nicht selten finden sich isolierte Porphyrlinsen in den Kohlenflötzen. Der Schacht hat im Jahre 1902 bei 175 m Tiefe das 4 m mächtige Hauptflötz erreicht. Darüber, bei 136 m, liegt noch ein ca. $^1/_2$ m mächtiges und ca. 40 m unter dem Hauptflötze ein 2—3 m mächtiges Flötz. Durch eine 1360 m nordöstlich vom Schachte niedergebrachte Tiefbohrung sind bei 333 m ein 3,25 m mächtiges und bei 366 m ein 3 m mächtiges Flötz nachgewiesen.

Am 30. Oktober 1902 lief der erste mit 150 t (à 1000 kg) beladene Kohlenzug in Tsingtau ein. Insgesamt gefördert wurden bisher: 1903 5928 t, vom 1. April bis 30. Juni 1903 bereits 8490 t. Die geförderten Kohlen haben stets am Schachte, sowie in Tsingtau glatten Absatz gefunden, auch die schlechtere Kohle und die abgesiebte Feinkohle ist in den bisher gewonnenen Mengen zu guten Preisen bei chinesischen Abnehmern untergebracht worden. Von der Förderung des Jahres 1902/3 mit 9178 t gelangten bei 1101 t Selbstverbrauch und 918 t verbleibenden Beständen 7159 t zum Verkauf. Der Erlös hierfür 59181 Doll. (à 2 M), deckte außer den Förderkosten nahezu die Verwaltungskosten des Weihsienfeldes für das ganze Jahr.

48. Tsingtau — Wei hsien (spr. Uĕ-chiĕn).

(Ausflug für 2 Tage).

Morgens 7 Uhr Abfahrt vom Bahnhofe Tsingtau; an Wei hsien 12,47 Mittags, Abfahrt von Wei hsien 12,57 Nachmittags. Ankunft in Tsingtau 6,31 Nachmittags.

Bis Kau mi s. d. Von Kau mi an bietet die Eisenbahnfahrt bis Tschianling nichts Bemerkenswertes. In einem großen Bogen umfährt dann die Bahn den Bergkessel des Tsoschan und durchquert die Flußebene des wasserreichen Weiho. Ein prächtiges Schauspiel gewähren besonders bei klarem Wetter und guter Sonnenbeleuchtung die nördlich der Bahn sich hinziehenden Kalkfelsen. Auf dem Weiho entwickelt sich in der wasserreichen Jahreszeit ein lebhafter Dschunkenverkehr, an beiden Ufern erblickt man zahlreiche Obstplantagen und auch die hügeligen Erhebungen in der Ebene zeigen häufig stattlichen Baumwuchs. Über den Weiho führt eine eiserne Eisenbahnbrücke, eine ebensolche über seinen Nebenfluß Yun ho. Der einzige größere Ort zwischen Kau mi und Wei hsien ist Nanliu, der sich schon von weitem durch einen herrlichen Cypressenhain verrät. Je mehr man sich Wei hsien nähert, desto deutlicher zeigt sich der Wohlstand der Bewohner in der dichten Ansiedlung, dem gefälligen Aussehen der Dörfer und der sorgfältigen

Umwallung der Orte. Auch die Häuser zeigen in ihrer Bauart eine größere Regelmäßigkeit und Ordnung, endlich gewinnt die Gegend um Wei hsien selbst durch ihren größeren Baumreichtum mehr Reiz. Von der Bahnstation führt eine breite, gepflasterte Straße in das Innere der Stadt. Die Stadt ist gut ummauert und rings mit einem Wallgraben umgeben. Durch den Pai lang ho wird die Stadt in zwei Hälften geteilt. 2 km vom Bahnhof entfernt ist in einem Chinesenhause das deutsche Postamt untergebracht. In der Vorstadt herrscht trotz der überaus schlechten Straßen ein sehr lebhafter Karrenverkehr; in ihr befinden sich die Warenhäuser der Großkaufleute, während die innere Stadt der Sitz der Beamten, des Kleinhandels und des Handwerkerstandes ist. Von den verschiedenen Gewerben ist in je einer Straße nur immer eins vertreten, so hat man in Wei hsien eine spezifische Silberschmiedestraße, Schmiedewerkstraße, Kohlenstraße etc. Fraglos ist Wei hsien neben Tschouts'un die größte Handelsstadt Schantungs. Der Handelsstand ist sehr rührig. So hat sich seit jüngster Zeit ein Komitee zur Hebung des Handels und der Industrie gebildet; dieses hat viele moderne Einrichtungen getroffen; Maschinen zum Rollen von Zigarren, zur Herstellung von Seifen und zum Weben von Stoffen. Hauptausfuhrartikel bildet Bohnenöl; Haupteinfuhrartikel japanisches Baumwollgarn, japanische Streich-

hölzer, Petroleum und amerikanische und englische Baumwollwaren. Ungefähr 4 km vom Bahnhof entfernt erhebt sich an der Landstraße nach Nanliu, von hohen Mauern umgeben, der Häuserkomplex der American Presbyterian Mission (chinesische Bezeichnung: Lou tao yüan), die sich von sieben Hauptpunkten aus in Schantung ausbreitet. Die Mission zählt ca. 6000 Anhänger in der Provinz. Sie besitzt ein College, das demnächst von Teng tschou fu nach Wei hsien verlegt werden soll, mehrere höhere Schulen, von denen sich auch eine in Wei hsien befindet und eine sehr große Anzahl von Vorbereitungsschulen; der Bezirk Wei hsien zählt allein 140. Diese Station ist im Jahre 1882 von den Reverends Mateer und Langhan von Tschifu aus unter ungeheuren Schwierigkeiten gegründet worden; während der Wirren wurden sämtliche Gebäude der Station am 25. Juni 1900 von einem wüsten Pöbelhaufen aus Wei hsien und Umgebung zerstört und nur mit knapper Not rettete der allein zum Schutze zurückgebliebene Missionar Chalfant sein Leben dadurch, daß er bei Dunkelheit von einer zufällig unbewachten Stelle der Mauer aus, die er vermittelst einer Leiter überkletterte, entkam. Dem Wiederaufbau der Missionsgebäude im Jahre 1902 stellten sich anfangs Schwierigkeiten entgegen infolge der feindlichen Haltung der sehr konservativ gesinnten Bevölkerung von Wei hsien. Außer dem

schon erwähnten im Bau begriffenen College, das früher in Tsching tschou fu seinen Sitz hatte, sind neuerdings an Gebäuden fertig gestellt: eine 35 Fuß hohe Kirche, ein sehr geräumiges Hospital, je eine höhere Schule für Knaben und Mädchen, je ein Schlafraum für Knaben und Mädchen, drei mit allem Komfort eingerichtete Familienhäuser und zwei Wohnhäuser für ledige Missionsmitglieder. Nach Absolvierung der Vorbereitungsschulen machen die Knaben den siebenjährigen Kursus der höheren Schule in Wei hsien oder an einem anderen der Hauptplätze durch, in der sie aber in der Regel nicht vor dem 14. Lebensjahre Aufnahme finden. Unterrichtsgegenstände sind in diesen höheren Schulen außer den chinesischen Klassikern Englisch, Arithmetik, Physik, Naturkunde, Astronomie, Geschichte und Geographie. Nach Absolvierung dieses siebenjährigen Kursus werden die Schüler nach bestandenem Examen teils Lehrer in den Vorbereitungsschulen, die klügeren und strebsameren besuchen aber dann entweder das College in Wei hsien oder das Priesterseminar in Tsching tschou fu.

49. Tsingtau—Tsching tschou fu—Tsi nan fu.

(4 Tage.)

Ab Tsingtau Bahnhof 7 Uhr früh, an Tsching tschou fu 2,37 Nachmittags. Ab Tsching tschou fu

2,47 Nachmittags (am 2. Tage). Ab Tsi nan fu früh am 4. Tage.

Tsching = klar. **Tsching tschou fu,** die Heimat der Ming-Dynastie, mit ca. 35000 Einwohnern hat einen Umkreis von 10 km; sie ist Ausfuhrpunkt für Seide und Walnüsse. Eine breite chaussierte

Bei den Seen in Tsi nan fu.

Straße führt vom Bahnhofe in die Stadt hinein und als Hauptstraße durch diese hindurch. Mitten in der Stadt in verschiedenen Häusern zerstreut liegen Siedelungen der American Presbyterian Mission mit Schule, Priesterseminar, Hospital und sehenswertem Museum, das jährlich von mehr als 70000

Chinesen besucht wird. Ungefähr 2—3 km von der Chinesenstadt liegt die Mandschustadt mit ca. 50000 Einwohnern, fast nur Soldaten, die bisher stark konservativ waren und erst seit ganz kurzer Zeit ausländische Waffen und Ausbildungsmethode

Bei den Seen in Tsi nan fu.

angenommen haben. 4 km von Tsching tschou fu liegt ein großes Kloster Tsching lung tse mit herrlicher Tempelanlage.

Auf der Fahrt nach Tsi nan fu passiert man Tschou tsun, den größten Seidenstapelplatz Schantungs, mit sehr regem Verkehr, Ausfuhrplatz für

Hüte, Rohseide, Strohgeflechte und Glaswaren. Etwa 12 km von hier (rechts von der Bahn) liegt Tsou ping (Station der Anglica Mission Bapho), dessen Umgebung von großem landschaftlichem Reiz ist; südlich der Stadt steigen die Berge bis 1000 m an.

Tsi nan fu („südlich vom Flusse Tsi"), Residenz des Gouverneurs der Provinz Schantung, mit ca. 350000 Einwohnern, Sitz der Provinzialbehörden, mit europäischem Hôtel (Krippendorf, Pension 3 Doll. pro Tag), Hochschule, Arsenal (Lo kou), Telephon und elektrischer Lichtanlage. Die Straßen sind gepflastert und werden nach europäischem Muster neu gebaut. Die Hauptstraßen sind elektrisch beleuchtet.

Sehenswürdigkeiten. Der im Norden der Stadt gelegene große See mit kleinen malerischen Inseln und im Westen der Stadt die an der Stadtmauer befindlichen, von Badehäuschen und steinernen Waschbassins umgebenen Quellen mit kristallklarem Wasser.

Yamen des Gouverneurs in der großen Weststraße (Pao tui schang) unweit vom Südtor.

Deutsches Konsulat. Östlich vom Yamen der auswärtigen Angelegenheiten. (Yang wu pu).

Bahnhöfe. Westbahnhof außerhalb der Westvorstadt und Ostbahnhof außerhalb des Osttores an der neuen Straße nach dem Huang ho.

Missionen. American Presbyterian Mission (Dr. Neal) und katholische Mission im Westen der Stadt kurz vor dem Westtore. Seminar und Kirche.

Landschaft bei Tsi nan fu.

Buddha-Tempel im Süden der Stadt (Tschien fu schan).

Als **Verkehrsmittel** dienen Tragstühle; man zahlt für einen solchen innerhalb der Stadt ca. 50 Cent und nach außerhalb ca. 70—80 Cent (2 Träger).

50. Po schan

sprich Böä schän, heißt auf deutsch: wüstes (oder weites) Gebirge. Es ist zugleich der Name der Stadt. Man fährt auf der Eisenbahn bis Tschang tien („Tschang's Herberge"), 285 km von Tsingtau. Von hier führt eine Zweiglinie nach Po schan.

Richthofen hat in seinem Werke „China" eine so treffende Beschreibung gegeben, daß wir sie hier wörtlich wiedergeben wollen:

„Po schan hsien ist die industriellste Stadt, die ich bisher getroffen hatte. Alles arbeitet und rührt sich. Die Stadt hat das geschwärzte Ansehen eines Fabrikortes und dicke Rauchwolken zeigen die Lage einzelner Etablissements an. Denn die vortreffliche Kohle, welche hier in schönen Lagerstätten vorkommt, hat schon früh zum Betrieb verschiedener Industrien geführt, und dieselben haben sich durch viele Jahrhunderte fortentwickelt. Die intelligenten Bewohner zeigten sich erfinderisch und da das Patentwesen in China nicht existiert, so erbte sich das Geheimnis mancher Technik als ein Monopol in der Familie des Erfinders fort. Dahin

gehört die Glasfabrikation, in welcher dasselbe Volk, welches das Porzellan seit Jahrtausenden gemacht hat, auffallend weit zurück ist; nur hier hat man es zu anerkennenswerten Leistungen darin gebracht. Bei Sammlern in China und Europa erfreuen sich einer besonderen Wertschätzung die kleinen gläsernen Schnupftabakfläschchen, welche oft mit bewunderns-werter Technik in entzückendem Geschmacke verfertigt sind. Sie stammen von Po schan. Die frühere Höhe der Kunst wird allerdings nicht mehr erreicht. Ebenso ist hier der Ursprungsort des noch allgemeiner geschätzten Email cloisonné, und noch heute besitzen nur einige Familien des Ortes das Geheimnis der Bereitung des Schmelzes, welcher dazu verwendet wird. Diese Industrie blühte in den Händen einiger Weniger unter den Ming, ging aber dann vollständig verloren. Als unter Kien lung der Geschmack für die alten emaillierten Gefäße wieder erwachte, versuchte man sie vergeblich nachzuahmen, bis man sich an die Nachkommen des Erfinders der bunten Glasflüsse wandte; denn das Geheimnis war in der Familie nicht verloren. Die Industrie kam zu hoher Blüte und es wurden die wegen ihres Farbengeschmacks und ihrer Schönheit in Form und Zeichnung bewunderten Gefäße gefertigt, welche jetzt in Europa für hohe Preise angekauft werden. Abermals ging die Industrie unter, und als man in neuester Zeit den Sinn der Fremden

für das Cloisonné nutzbringend zu machen wünschte, hat man sich wieder nach Po schan gewandt und bezieht von hier die prachtvoll gefärbten Gläser; nur für einige Farben hat die Familie das Geheimnis verloren."

Die Umgegend von Po schan ist landschaftlich außerordentlich schön.

Die Kohlenbergwerke in Po schan wurden von den Chinesen seit Jahrhunderten betrieben. Sie wurden von Richthofen in der Zeit vom 15. bis 18. April 1869 besucht und in seinem Werke „China" Bd. II S. 201—203 im Jahre 1882 beschrieben. Die karbonischen Schichten von Po schan sind anscheinend gleichaltrig mit denen bei Fangtse, die Kohlen sollen besser sein. Sie sind durch Tiefbohrungen der Schantung-Bergbau-Gesellschaft auch in größerer Tiefe nachgewiesen. Ein Förderschacht soll demnächst abgeteuft werden. Südlich von Po schan tritt das Kohlengebirge noch im Hei schan (schwarzen Berge) auf; es zieht sich mit Unterbrechungen auch in der Richtung nach Tsi nan fu weiter.

51. Tai schan.

Der berühmteste Punkt in der Provinz ist der heilige Tai schan (erhabener Berg). Er ist mit ca. 1550 m der höchste Berg der Provinz und besteht aus Granit. Man erreicht ihn am besten,

indem man bis Tsi nan fu mit der Eisenbahn fährt. Dort muß man sich rechtzeitig Karren bestellen. Es sind bis Tai an fu (an = Friede) zwei Tagereisen. Ein Wagen kostet pro Tag und Person etwa 4 M. Der Weg ist sehr schlecht. Wenn man kein Gepäck mit sich führt, sollte man reiten. Der

Grab des Kung tse (Konfucius) in T'schü (Ku) fu.

Weg führt erst nach Südwesten und dann nach Südosten. Etwa 50 km (100 Li) von Tsi nan fu entfernt führt der Weg durch Wan te; hier ist ein Tempel mit sehr interessanten Terrakotta-Giebeln. Kurz vor Tai an fu schöne Tempel, chinesisches Postamt, Mission. Man übernachtet hier und be-

stellt sich rechtzeitig für den anderen Morgen Bergstühle zum Aufstieg auf den Tai schan. Ein Stuhl mit 2 Kuli und 2 Reservekuli (empfehlenswert) kostet pro Tag 2,50 M. Der Auf- und Abstieg erfordert nur einen Tag. Man kann jedoch auch in den Tai schan-Klöstern übernachten. Von Tai an fu aus sind es zwei Tagereisen bis **T'schü fu** (Kü fu), = krumme Gebirge. (Geburtsort und Grab des Konfuzius, chinesisch Kung tse). Eine halbe Tagereise westlich liegt Yen tschou fu, der Sitz des apostolischen Vikars von Schantung (bis 1903 Bischof v. Anzer); hier ist auch ein chinesisches Gymnasium unter deutscher Leitung.

Von Tai an fu sind es zwei Tagereisen nach dem nordöstlich gelegenen Po schan. Der Weg ist sehr schlecht und kann nicht mit Wagen zurückgelegt werden. Man muß reiten oder auf einer Schubkarre fahren. Die landschaftlichen Reize des Weges sind hervorragend. Besonders schön ist der erste Blick auf die hochgelegene Stadt Po schan mit ihren gewaltigen Mauern.

Tschou hsien ist die Heimat des Mencius (chinesisch Meng tse).